CUANDO DIOS SE VUELVE REAL

BRIAN JOHNSON

Cuando Dios se Vuelve Real

Cubierta y Diseño Interno por Stephen James Hart

Producido por Bethel Book Publishing
Traducido por Bethel Media.

ISBN: 978-1-947165-57-1

Impreso en los Estados Unidos.

GRACIAS

* * *

Jenn. Te amo bebé. Tu fuerza, pasión y corazón por Dios me asombran. Tú nunca te sueltas de Su fidelidad o Sus promesas para ambos. Viste la visión y corriste conmigo cada paso en este camino.

Haley, Téa, Braden y Ryder. Ustedes son los regalos en mi vida que todavía me sobre llevan todos los días. Mantienen mi corazón cimentado y son mi alegría constante. Su mamá y yo oramos por ustedes diariamente y estamos muy emocionados de verlos caminar en todo lo que Dios tiene para ustedes.

Mamá y Papá. Desde el primer momento en que comenzó esta temporada, a tan solo siete años de edad, su firme creencia en la bondad de Dios me ancló y me permitió saber que encontraría la libertad. Las circunstancias nunca cambiaron su convicción. Su inquebrantable compromiso con esta verdad ha cambiado las vidas de innumerables personas. Su perseverancia, humildad y búsqueda implacable de Dios me inspiran todos los días.

Joel Taylor. Siempre has cuidado mi espalda. Escuchaste los sueños en nuestros corazones y los hiciste cobrar vida. Cargaste con más de lo que puedo decir, y sé que no estaríamos donde estamos sin ti.

Jason Borneman. Trajiste mucha diversión a nuestras vidas y risas a nuestra casa. Tenías una comprensión tan clara de mi viaje y trajiste paz cuando más la necesitaba. Eres la definición de un verdadero amigo.

Holly Brunson. Ambos sabemos que este libro no se habría completado si no me hubieses animado a seguir buscando las palabras correctas y tener el coraje para contar mi historia. Solo tú y yo sabremos las innumerables horas, las ediciones y las re-ediciones que pasamos. Me ayudaste a encontrar palabras para mi historia cuando yo me hubiera dado por vencido. Gracias por ayudar a darle vida a mi historia. Fuiste y encontraste las piezas del rompecabezas y luego lo volviste a juntar.

Kris y Kathy Vallotton. Fueron delante de mí dentro de un lugar difícil y tuvieron el coraje de salir del otro lado. Gracias por los momentos cruciales de traerme esperanza y ser mi fortaleza en esa temporada cuando no la tuve.

Seth Haines. ¡Gracias por tu ayuda para darle vida a este libro! Tu visión y ayuda fueron invaluables.

Comunidad de Bethel Music. Ustedes son la promesa de muchas palabras proféticas que Jenn y yo hemos recibido durante los últimos veinticinco años. Su compromiso personal y su fidelidad a Dios me inspiran y conmueven. Qué equipo nos ha dado Dios. Estoy más que orgulloso de su pasión y trabajo para que el mundo viva y se encuentre con Dios.

ENDOSOS

* * *

Vivimos en un mundo que trabaja tan duro para aparentar que todo está bien. Esto es especialmente real en la iglesia, donde como líder, existe una expectativa tan grande por nunca mostrar o tener debilidades. Mi amigo Brian Johnson quebranta todas estas máscaras con su libro Cuando Dios se Vuelve Real. *Brian nos ayuda a ver una vez más el poder y la vía de escape que posee la alabanza, tanto en la cima de la montaña, como en la profundidad del valle. Sé que encontrarán fortaleza, esperanza y ánimo para su propio proceso a través de este libro.*

CHRIS TOMLIN

Estoy seguro de que la mayoría de los que hemos tomado este libro hemos tenido momentos y eventos específicos en nuestras vidas cuando Dios se ha vuelto real. La historia de Brian contada a lo largo de estas páginas es una hermosa descripción del amor, el poder y la fidelidad de Dios en las temporadas en las que Él realmente es la única opción a la cual podemos recurrir. Este libro es edificante, esclarecedor y transmite el coraje para seguir creyendo y atravesando por esos momentos en nuestras vidas un paso a la vez. Creo que las palabras y las herramientas en estas páginas ayudarán a cada lector de manera significativa. Hay niveles de libertad y relación más profundos a los que Jesús quiere llevarnos y este libro le ayudará a llegar ahí.

KARI JOBE

Cuando Dios se Vuelve Real *es el increíble testimonio de Brian de engrandecer lo que Dios ha hecho por él que lo que cualquier persona o experiencia de vida le haya hecho. Este libro lo desafiará a que cultive una vida de adoración y se sumerja en las Escrituras para que usted también pueda desarrollar una fe que no pueda ser sacudida, sin importar lo que pueda enfrentar.*

CHRISTINE CAINE,
AUTORA BEST-SELLER, FUNDADORA A21 Y PROPEL WOMEN.

Estoy muy agradecido de que mi amigo Brian Johnson haya puesto en un libro su historia de una manera tan profundamente vulnerable y honesta. A menudo he dicho que la mejor arma que conozco contra la oscuridad en este mundo es la adoración de quien la ha superado. Brian aprendió esto temprano en la vida, no como un tipo de conocimiento mental que aprendió en la iglesia, sino como un conocimiento del corazón que aprendió de su padre surgiendo de una desesperada necesidad por su verdad. No es un misterio para mí por qué Dios ha elegido a Brian para dar a luz un movimiento de adoración que ha transitado por la tierra.

JASON INGRAM

Hay momentos en la vida en los que el enemigo simplemente viene como una inundación... y en esas temporadas uno siente como que ahogarse sería casi un dulce alivio en comparación con el terror que sobreviene. En Cuando Dios se Vuelve Real, *Brian Johnson abre su corazón y pone al descubierto su alma mientras comparte su personal y poderosa historia de vida. Estoy seguro que este libro guiará su corazón para darle la bienvenida a la verdad de la Presencia de Dios en medio de cualquier tiempo de dificultad... declarando nuevamente la maravilla y el poder de Cristo Jesús, el nombre que es sobre todo otro nombre.*

DARLENE ZSCHECH

Sentarse frente a Brian y escuchar de primera mano la historia de su lucha crónica con la ansiedad es caer por el agujero del conejo dentro de una fiesta de té del Sombrerero Loco, en donde la percepción y la realidad son fuerzas opuestas. ¿Quién hubiera creído que un líder de adoración tan talentoso y sumamente aventurero pasó gran parte de su juventud en un mundo de caos? El viaje de Brian hacia el corazón de la libertad de Dios es un salvavidas para muchos otros que luchan en secreto y se auto imponen la vergüenza, desesperados por encontrar el camino de regreso a la superficie.

MATT CROUCH
CEO DE TBN

Algo sucede cuando somos dueños de nuestras historias, cuando decimos la verdad desde lo secreto hasta el escenario. Hay una vulnerabilidad y una autoridad que solo puede venir cuando comparto cómo Jesús me *rescató. Todos tenemos una historia que contar, y nadie puede contarla por nosotros. Si hay algo que he aprendido sobre Brian después de correr junto con él y servirle durante los últimos diez años, es esto: él es verdadero. Él es él mismo sin disculparse, y su ternura y honestidad serán un catalizador para el cambio en tu vida, tal como lo ha sido en nuestra comunidad.*

STEFFANY GRETZINGER

Nacimos en una guerra. Todos nosotros. Y a pesar de las circunstancias que envuelven la crianza de cada niño, nadie escapa de esta realidad. El campo de batalla para esta guerra es la mente. El enemigo de nuestras almas intenta influir en nuestros pensamientos y valores porque le teme a nuestra relación con y nuestra capacidad de representar a nuestro Padre perfecto. Fuimos hechos a la imagen de Dios, quien creó todas las cosas. El mundo está clamando por una expresión creativa y precisa que provenga de aquellos que tienen una comprensión sincera de estar hechos a Su imagen. Pero si cedemos ante el temor, la ansiedad, la autocrítica y demás, nuestra efectividad será afectada seriamente.

Nuestro hijo Brian nos da un vistazo de su travesía para salir del temor, pánico y ansiedad en este libro transparente pero maravilloso, Cuando Dios se Vuelve Real. *Es honesto, redentor y lleno de ideas para ayudar a los lectores a probar una gran victoria por ellos mismos. La lucha es real. Pero la victoria es aún más real, una realidad mucho mayor. Este libro dará esperanza a innumerables personas que se sienten solas mientras enfrentan una batalla en su mente, algunos piensan que se están volviendo locos.* Cuando Dios se Vuelve Real *también ayudará a los amigos y familiares a obtener información sobre cómo amar, ayudar y apoyar a aquellos que están atravesando por su noche oscura del alma. Léalo y observe cómo*

Dios lo equipa para la victoria, tanto a usted como a aquellos bajo su influencia.

BILL Y BENI JOHNSON

LOS PADRES PRIVILEGIADOS DE ERIC, BRIAN Y LEAH

IGLESIA BETHEL, REDDING, CA

CONTENIDO

PREFACIO	13
INTRODUCCIÓN	15
1. ATRAPANDO LAGARTIJAS	17
2. DESPERTARES	25
3. LAS CUATRO ARMAS	33
4. LA ESPIRAL	47
5. MI PROPIA ARMA	53
6. LA APPLAUSE DE DOCE CUERDAS	61
7. JENN ROCK	73
8. VIVIR EN LA MATRIX	89
9. EL COSTO DE LA LIBERTAD	107
10. LA CABAÑA	119
11. LIMPIANDO LOS ARBUSTOS DE ZARZAMORAS	131
12. CONDUCIENDO A CASA	145
13. LA RENDICIÓN DIARIA	155
14. CUANDO DIOS SE VUELVE REAL	167

PREFACIO

* * *

Brian Johnson no es un hijo de pastor ordinario. En todos mis años de viajar, he conocido a muchos hijos de pastores, pero pocos como Brian. Como pionero de Bethel Music, Brian ha llevado a innumerables individuos a profundidades sin paralelo en la adoración. Sin embargo, lo que más admiro de Brian es su incansable búsqueda de Dios, la cual está impulsada por una profunda convicción de que Dios es real. A pesar de todos sus logros, se niega a volverse complaciente.

Por esta razón, estoy agradecido de que Brian haya escrito *Cuando Dios se Vuelve Real*. Su vida es consistente con el mensaje de este libro. Brian comparte con franqueza su proceso para descubrir a Dios a través de una experiencia personal. Nos desafía a confrontar lo que muchos pasan la mayor parte de sus vidas evadiendo: ¡el dolor! Brian ofrece una perspectiva única para enfrentar el dolor, compartiendo que nuestros momentos más oscuros pueden convertirse en momentos que definen, ¡momentos en los que Dios se vuelve real! A menudo, en tiempos de dificultad, lo que realmente creemos es probado. Es en estos momentos cuando aprendemos a usar la adoración como un arma y como un salvavidas. Mientras lo hacemos, estaremos seguros de que Dios es bueno, incluso cuando la vida no lo es. Cuando finalmente enfrentamos nuestro dolor con la cabeza en alto, estamos posicionados para ser impulsados más hacia nuestros destinos. Como se menciona en el libro, Brian se apoyó en esta verdad: la adoración es más que cantar canciones a Dios; es invertir en nuestra relación con Él, incluso cuando no tenemos ganas de hacerlo o cuando las circunstancias son difíciles.

Recomiendo ampliamente leer *Cuando Dios se Vuelve Real.* Recibirá la motivación para seguir adelante hasta que, como Job, pueda confesar: "Admito que una vez viví por rumores de ti; ahora lo tengo todo de primera mano, ¡de mis propios ojos y oídos!". (Job 42:5).

¡Te espera un encuentro personal con Dios!

John Bevere
Autor / Ministro
Messenger International

INTRODUCCIÓN

* * *

En muchos sentidos, he tenido la mejor vida. Nací en una familia con la que la mayoría de la gente soñaría. Mis padres aman a Dios y son las personas más humildes, amables y solidarias que he conocido. Cuando era niño, mi mamá, me dio algunos de mis primeros recuerdos de estar con Dios, y no había nada que no pudiera compartir con ella después de un día difícil en la escuela. Cada vez que mi hermano, mi hermana o yo los necesitábamos, estaban presentes completamente. Nunca me dieron una razón para cuestionar su amor incondicional o el amor incondicional y la bondad de Dios. Y si este libro fuera una colección de historias sobre los buenos tiempos que tuvimos, se necesitarían miles de páginas para contarlas todas.

Y luego está mi increíble esposa, Jenn. Ella ha sido mi compañera en todos los sentidos, y se ha quedado conmigo en la buenas y en las malas (como verás en este libro). Ella dirigió la adoración conmigo desde casi el primer momento que estuvimos juntos. Ella ha escrito canciones que han cambiado mi vida y la de muchos otros. Me ha dado el regalo de cuatro niños increíbles, y si esta historia fuera sobre nuestro matrimonio, yo sería mayormente feliz.

Jenn y yo construimos Bethel Music con uno de mis mejores amigos, Joel Taylor. A menudo ponía palabras a nuestros sueños y siempre me ha cuidado la espalda. Tengo un trabajo de ensueño ayudando a dirigir Bethel Music, creando música con amigos de todas partes del mundo, y predicando en colegios y conferencias. Estoy rodeado de algunos de los mejores líderes y músicos que me han impulsado a ser lo mejor que puedo ser.

Tenemos una comunidad y una iglesia increíbles. Bethel ha sido un lugar de sanidad para personas de todo el mundo. Es el lugar donde todo comenzó para Jenn y para mí. En ese santuario, hay tantos recuerdos de Dios moviéndose y de presenciar encuentros donde las personas fueron cambiadas para siempre. Mi vida ha sido cambiada para siempre. Siempre estaré agradecido por nuestra iglesia y la comunidad local.

Cuando miro mi vida, ha sido un regalo. Podría seguir y seguir contando sobre las bendiciones y las alegrías de mi vida. Pero incluso las vidas más felices tienen su cuota de tiempos difíciles. No soy una excepción.

Este libro no cuenta la historia de mi vida plena y equilibrada. No comparte todas las cosas maravillosas que sucedieron a lo largo del camino. En cambio, este libro trata sobre las dos batallas más grandes: una la peleé como adulto y la otra la peleé cuando era niño. Las circunstancias detrás de cada una de estas batallas fueron muy diferentes, pero ambas me llevaron dentro de una temporada más oscura en mi vida, una temporada en la que no tenía otra opción más que confiar en Dios. Y a medida en que me acompañas a través de mi proceso y finalmente hacia la victoria, verás cómo descubrí la bondad de Dios.

Escribí este libro para que pudieras comprender las circunstancias que me llevaron a través de estas dos grandes batallas y cómo salí del otro lado. No resalto todas las alegrías y victorias en mi vida porque esas historias no te mostrarán cómo entré en la noche oscura de mi alma y cómo encontré la luz nuevamente. Y mientras lees este libro, espero que te encuentres a ti mismo, a tu familia y a tus amigos en las páginas. Espero que veas cómo Dios quiere rescatarte de tu propio pánico, ansiedad, miedo y duda. Sin embargo, más que nada, espero que experimentes esta verdad: todo cambia cuando Dios se vuelve real.

UNO

ATRAPANDO LAGARTIJAS

* * *

Así fue como empezó: una mano invisible me alcanzó, agarró mis pulmones y apretó; la presión se asentó en mi pecho, luego en mis hombros. Mis manos comenzaron a temblar; el aire se adelgazó; mi miedo se espesó. Levanté mis brazos sobre mi cabeza, apreté mis dedos y traté de recuperar el aliento.

¿Qué es esto?

Miré el río, luego miré alrededor del área hasta que puse los ojos en él. Ahí estaba mi hijo Braden volteando las rocas y mirando debajo de los troncos. Él cazaba lagartijas, igual que mi hermano Eric y yo cuando teníamos su edad. Con los ojos entrecerrados por el sol, el barro llegaba hasta sus espinillas, estaba pasando el mejor momento de su vida y no tenía idea de que alguna fuerza invisible estaba arrastrándose hacia mí. Algo estaba muy mal.

La mano de Braden se movió rápidamente debajo de un tronco y sacó una lagartija. Se volteó y sostuvo su puño en el aire, gritando: "¡La tengo, papá!" Hice todo lo posible por sonreír y saludar, pero las paredes invisibles ya se estaban acercando, incluso en los espacios abiertos del río. Respiré hondo, traté de contener esas paredes, y fue entonces cuando la oleada de adrenalina se precipitó. Esta espiral no era familiar, no como los episodios de pánico que había tenido durante mi infancia. Esto era diferente.

¿Por qué no puedo respirar?

Braden se volteó y regresó a la búsqueda de otra lagartija, y yo cerré los ojos, froté mis manos en mis pantalones cortos, ya que el calor de julio parecía magnificar lo que estaba sucediendo dentro de mí. Se asentó más peso, y algo como terror vino con él. Mi respiración se hizo cada vez más corta y traté de no hiperventilarme. Abrí mis ojos y todo lo que podía ver eran estrellas por la falta de oxígeno. El sol brillaba en la superficie del río Sacramento en la distancia y se volvió más y más blanco hasta que estuvo casi cegador. Cerré los ojos otra vez, intenté respirar nuevamente pero sentí que perdí otro centímetro más de mis pulmones. El puño invisible apretó más fuerte. El peso en mi pecho se duplicó.

Esta es la anatomía de un choque.

Llamé a Braden, le dije que se nos había acabado el tiempo. Me di la vuelta y caminé hacia la camioneta, y él me llamó por encima del hombro.

"Acabamos de llegar, papá", dijo. Luego pidió: "¿Cinco minutos más?"

Yo no respondí; en lugar de eso, busqué las llaves en mi bolsillo y luego se me cayeron en el pavimento. Agachándome para recogerlas, gotas de sudor se salieron de mi frente y mi cabeza parecía nadar. Puse mis manos en mis rodillas, traté de agarrarme. Esto no estaba pasando.

Braden me alcanzó, él estaba hablando acerca del contenedor plástico de lagartijas y ranas que había atrapado. Asentí, dije algo sobre la lagartija más grande, luego presioné el botón para abrir las puertas de la camioneta. Subimos, y mientras Braden abrochaba su cinturón de seguridad, alcancé mi teléfono y le escribí un mensaje de texto a Jenn. Mis pulgares estaban pesados mientras escribía.

"Algo está mal conmigo. Estamos yendo a la casa. Ora por favor". Ella me devolvió el mensaje de texto y preguntó qué era, pero no respondí. No quería aceptar lo que estaba sintiendo.

Salí del estacionamiento y deseaba estar en cualquier lugar menos aquí. Braden miró a las lagartijas en su contenedor, tarareaba junto con la música de la radio. La movía con la tapa, la hacía sonar, luego la cerraba y la volvía a hacer sonar. Cada sonido se amplificaba, cada olor, también.

"Braden, ¿podrías dejar de abrir y cerrar el contenedor, amigo?" Le pregunté.

Aceleré 299, poniendo más distancia entre nosotros y el río mientras huía de algo.

¿Por qué no puedo respirar?

Apagué la música, traté de cantar alguna canción familiar de adoración. Conocía el poder de la adoración. Sabía cómo podía traer un gran rompimiento. Mis primeros recuerdos quedaron marcados por esto, y en mis años de adolescencia y en mis primeros años como adulto, me había salvado la vida. Cuando Dios aparecía, nada era imposible. Ataques demoníacos, miedo, pánico, no había oscuridad que pudiera permanecer en Su Presencia. Pero a pesar de que conocía esta verdad, aunque acababa de terminar de enseñar en nuestra escuela de adoración anual impartida en el verano, tan solo dos días antes, parecía que no podía respirar lo suficiente como para cantar. Mi pecho estaba en llamas.

¿Mi nerviosismo me está llevando a entrar en pánico? ¿Por qué?

No había ninguna razón para el pánico. En todos los sentidos, las cosas estaban mejor de lo que habían estado en años. Jenn, Joel Taylor y yo teníamos el sueño de crear un sello musical que tuviera un nuevo modelo que creara música de adoración excelente y apoyara a matrimonios y familias saludables. Ni siquiera parecía posible, pero de alguna manera, estaba creciendo. Varias de nuestras canciones estaban ardiendo y eran cantadas por todo el mundo. Nuestro equipo estaba creciendo y las cosas empezaban a despegar. Y con el creciente éxito de Bethel Music, llegaban más oportunidades. Estaba componiendo a toda hora, trabajando con artistas de todas partes. Pero con el crecimiento y el éxito vienen las complicaciones y los desafíos. Estábamos creando algo nuevo y no venía con un manual. Este era un nuevo territorio para todos nosotros. Fue increíble, pero también fue intenso y desafiante. Ser pionero de algo nuevo es emocionante, pero puede venir con malentendidos. Entonces, incluso en medio de toda esta bendición, el estrés había estado creciendo. Había estado cociendo a fuego lento debajo de la superficie, y ni siquiera me había dado cuenta de que estaba ahí.

¿Podría haberlo presentido si me hubiera detenido el tiempo suficiente para examinar el ritmo de mi vida? Si me hubiera quedado quieto, ¿me habría dado cuenta de que algo estaba mal?

Jenn lo vio antes que yo. Ella sabía que yo estaba en el punto crítico. Ella siempre podía ver por detrás de mis ojos. Ella vio que fui golpeado y desconectado de mí mismo. Iba demasiado rápido, cambiando de una obligación a otra sin tomar un descanso. Tal vez por eso me sugirió que me tomara la tarde y me llevara a Braden al río. Tal vez ella pensó que encontraría un poco de silencio y podría recuperar mi aliento. Sin embargo, era demasiado tarde. Solo había pasado una hora desde que ella había sugerido el viaje, y ahí estaba yo, acelerando por la carretera, desmoronándome.

El aire en el coche parecía más delgado. No pude evitar que los pensamientos pasaran por mi mente. Me preguntaba si me desmayaría antes de llegar a la entrada. Braden estaba ajeno a todo esto.

Otra milla por la carretera, y no podía sacudirlo. Mi teléfono vibraba una y otra vez. Estaba seguro de que era Jenn, preocupada. Agarré el volante, pero no me atreví a alcanzar el teléfono. Estaba a cinco minutos de la casa.

Solo necesito llegar a casa.

Cinco minutos parece una eternidad en medio de una crisis, y cuando entré a nuestra calle, me obsesioné con los cambios minuto a minuto en mi respiración, ritmo cardíaco y visión estrecha. Mi mente saltaba de un pensamiento al otro. Tenía solo treinta y siete años. ¿Estaba perdiendo la razón por completo?

Detuve mi camioneta al final del camino y le dije a Braden que entrara y fuera a buscar a su mamá. "Necesitaba caminar por los senderos alrededor de la casa", le dije, y él asintió con la cabeza. Lo observé mientras corría hacia la puerta principal, todavía ajeno a mi pánico. Abrí la puerta de la camioneta sin apagarla y pisé la grava con las piernas temblando.

Caminé hacia el sendero, aunque estaba fuera de mí, desconectado. Sentí que mi cabeza flotaba sobre mí y me temblaban las manos. El peso en el centro de mi pecho era aplastante y trataba de tomar aire pero no podía encontrar nada. Mis pulmones estaban congelados. No podía empujar el peso hacia arriba y hacia afuera. Traté de hacer todo más lentamente, traté de tomar respiros medidos, pero no podía superar este tormento. No había aire. Mirando al suelo, asándome bajo el sol de la tarde, vi manchas de agua en la tierra. Estaba llorando, mis lágrimas cayendo al suelo, y no podría haberlas detenido si hubiera querido. No había manera de controlar esta oleada de sentimientos.

Una especie de pánico similar se produjo por primera vez cuando estaba casi de la edad de Braden. A tan solo siete años, el temor de ser atormentado por un demonio llegó a mi vida; un pánico y ansiedad terribles me siguieron durante casi quince años. Pero yo había vencido esa ansiedad y pánico hace muchos años. Finalmente había encontrado la libertad de ese tormento. La adoración mantuvo todo en equilibrio, me mantuvo sano. Pero hoy era diferente.

La puerta del frente se cerró de golpe y miré hacia la casa. Jenn estaba corriendo desde el porche y por el sendero. El aire se hacía más delgado y el mundo comenzó a girar. Todavía encorvado, traté de quitar la ansiedad y ponerme de pie, pero no pude. El vértigo se asentó, me encorvé un poco más y me puse de rodillas. Tenía miedo de ponerme de pie hasta que sentí los brazos de Jenn a mi alrededor. Ella me levantó, me apoyó sobre sus hombros. Ella me preguntó si estaba bien, preguntó qué estaba pasando.

"Algo está mal, físicamente, mentalmente. No puedo respirar. No puedo hacerlo más", le dije.

"¿Hacer qué?" Preguntó ella, con voz temblorosa. No podía encontrar una respuesta, así que le pedí que se quedara conmigo, que caminara conmigo. Tomó mi mano y comenzamos a caminar por el sendero alrededor de nuestra propiedad. No entramos. Ninguno de los dos quería que nuestros hijos tuvieran miedo de lo que estaba sucediendo.

Caminamos por los senderos por lo que pareció una eternidad. Jenn cantó y orábamos, pero el bucle era implacable. "Cariño, siento que estoy perdiendo la cabeza", le dije. Yo estaba llorando incontrolablemente y mi corazón latía con un ritmo desbocado.

"Ve más despacio. Sólo respira. Todo estará bien. Estás bien", dijo ella.

La estaba asustando, dijo ella. Me estoy asustando, le dije. ¡Necesito ayuda!

"¿Tal vez estás teniendo un ataque al corazón?", ella preguntó.

Mi corazón latía tan rápido que pensé que podría explotar, pero le dije que no creía que fuera un ataque al corazón. Sin embargo, ¿cómo podría saberlo? Esto era diferente de cualquier cosa que hubiera experimentado. Esto era un infierno.

No contesté la pregunta de Jenn. En cambio, la miré fijamente, tratando de obtener una respiración completa.

"Entremos y llamemos a tus padres", ella dijo. Caminamos hacia la casa, y ella inmediatamente tomó su teléfono. Solo pude distinguir partes de la conversación, pero me di cuenta de que ella estaba hablando con mi papá, diciéndole lo que estaba sucediendo.

"Sí", dijo ella. "¿Y llamarías a Kris y Kathy? Yo llamaré a Mark".

Jenn colgó el teléfono, hizo otra llamada. Entonces ella me dijo que me agarrara fuerte. Mis padres, mi amigo y un primer socorrista entrenado, Mark Mack, Kris y Kathy Vallotton, los líderes asociados de la iglesia, todos estaban en camino.

Caminé por la puerta principal y entré en la sala, donde ya se estaba tocando música de adoración. Subí el volumen, luego me arrodillé junto a los altavoces y miré por la ventana. Estaba desesperado por algo que me quitara esta pesadilla en la que estaba atrapado. Jenn se quedó de pie con el teléfono pegado a la oreja. "Algo está mal con Brian", dijo. "Está decayendo. Creo que quizá sea el pánico, ¿como cuando era más joven?"

Recordé los días de pánico de mi infancia y las lecciones que mi papá me enseñó acerca de romper estos ciclos de temor. "Cuando llega cualquier ataque", él decía, "lucha contra él diciendo el nombre de Jesús, la sangre de Jesús, las promesas de las Escrituras y adorando a Dios". Era la adoración la que siempre funcionaba para mí, así que me desplacé por mi teléfono y elegí una lista de reproducción específica, canciones de adoración con las que tenía una historia. Estaba desesperado, y estas canciones siempre me habían ayudado a encontrar paz en el pasado. Volví a subir el volumen y la música llenó la sala.

La música me inundó y me concentré en las verdades de las canciones. Hice todo lo que sabía hacer y aun no hallaba alivio. Los niños, Haley, Téa y Braden, observaban desde la cocina, con los ojos abiertos de par en par cuando Jenn trataba de explicarles lo que me estaba pasando. Todos estaban muy asustados, pero aun así comenzaron a orar por mí. Haley entró a la sala, me abrazó y me preguntó si todo iba a estar bien. Traté de tranquilizarla, traté de decirle que la ayuda estaba en camino. Ella sabía que no me encontraba bien. Haley fue maldecida con un asiento de primera fila ante el colapso de su padre. Estaba desmoronándome justo frente a sus ojos.

Canción tras canción y aún así nada cambiaba. Jenn entró desde la cocina, trató de abrazarme otra vez, pero mis sentidos estaban sobrecargados. A través de las lágrimas, le dije que no podía manejar este tipo de tormento por más tiempo.

Atrapado en el pánico abrumador, no podía conectarme con nada ni con nadie. Me sentía completamente solo y sin esperanza. Detrás de mis ojos, sentía el vacío. Era aterrador. Solo había oscuridad, y yo estaba cayendo demasiado lejos, demasiado rápido. Mi camisa estaba empapada y mis pensamientos estaban dispersos. Mi corazón latía al triple.

Sentía como si me estuviera deslizando hacia la locura.

DOS

DESPERTARES

* * *

En la década de 1970, mi papá había trabajado con mi abuelo en la Iglesia Bethel en Redding, California. Él había comenzado "Salt House" (Casa de Sal), un ministerio de alcance para los hippies que viven en Redding durante el Movimiento de Jesús. Tenía un corazón por las personas que no encajaban en los entornos tradicionales de la iglesia, y cuando él se derramó sobre ellos, vio a Dios comenzar a moverse. Había una unción en su vida que era evidente.

A mi papá le encantaba trabajar con mi abuelo, pero en 1978 fue invitado a pastorear una pequeña iglesia en las montañas, una hora al oeste de Redding. Tanto mi abuelo como mi papá sentían que era una puerta abierta de parte de Dios. Así que cuando yo tenía solo seis meses, mis padres se fueron de Redding y fueron enviados a Mountain Chapel en Weaverville, California.

Mi hermano Eric, mi hermana Leah y yo hicimos nuestros primeros recuerdos en ese pequeño pueblo. Los grandes espacios al aire libre estaban justo detrás de nuestro patio trasero, y Eric y yo pasamos la mayor parte del tiempo ahí, explorando los bosques, atrapando lagartijas, construyendo fuertes y buscando nuestra próxima aventura. En nuestro patio delantero jugábamos béisbol, fútbol y casi cualquier otro deporte con los niños del vecindario.

Ya sea que estuviera con mi familia, mis amigos o por mi cuenta, siempre podías encontrarme donde me sentía más vivo: afuera.

Mi infancia estuvo llena de recuerdos de mi familia. No podría imaginar mejores padres y les contaba a mis padres casi todo. Habiendo crecido en la casa de un pastor, creo que no debería sorprender que no pueda recordar un momento en el que no conociera de Dios. Mi mamá y mi papá nos enseñaron las historias de la Biblia y nos enseñaron a orar. Nunca fue una gran producción; era solo una parte de nuestra vida cotidiana. Y antes de que él fuera un pastor, mi papá era un líder de alabanza, así que nos enseñó la importancia de la adoración tanto en la iglesia como en nuestra casa. "La adoración era el evento principal", dijo, "porque la adoración nos conecta con Dios como ninguna otra cosa puede". Él nos dijo que nunca éramos demasiado jóvenes para conectarnos con Dios porque no hay un Espíritu Santo junior.

Incluso en mis primeros recuerdos, sabía que podía tener mi propia relación con Dios. La Presencia de Dios podía aparecer en cualquier parte y nos criaron para reconocer a Dios. Mi mamá era madrugadora y se despertaba antes que todos nosotros para poder tener su tiempo devocional matutino. Como madre de tres hijos, era la única hora del día que tenía sola. Pero ella no era la única que se levantaba temprano, y yo siempre parecía saber cuándo ella estaba levantada. Incluso a la edad de tres años, había tantas mañanas que veía la luz de la sala, y salía de mi cama y caminaba por el pasillo alfombrado hacia la sala. La encontraría ahí, sentada en el sofá con su Biblia, orando y pasando tiempo con Dios.

Aun cuando ese momento eran su único tiempo a solas durante todo el día, todavía me cargaba y me dejaba sentarme con ella. No era el niño más cariñoso, pero mi mamá siempre lograba sacar esa parte de mi. Ella me besaba en la frente y me sostenía muy cerca. Yo me inclinaba, jalaba mi manta de Winnie-the-Pooh de cuadros amarillos y blancos y me metía el pulgar en la boca mientras ella continuaba con su tiempo devocional.

Nunca se me ocurrió, sino hasta que tuve mis propios hijos, pero estaba interrumpiendo el tiempo de mi mamá con Dios. Ella podría haberme visto como una intrusión, pero en cambio, ella me invitaba a esos momentos, donde me mostró el poder de la simple devoción al vivirlo. Todos los días me lo demostraba en lugar de tener que explicar lo que estaba sucediendo, pero incluso a esa temprana edad, sabía que era especial. Esos momentos dieron a luz algo dentro de mí.

Weaverville es una ciudad muy pequeña de tan solo pocos miles de habitantes, el tipo de ciudad donde todos conocen a todos. Mis padres no solo eran pastores en la iglesia; estaban involucrados en nuestra comunidad, y aunque establecían límites para proteger el tiempo familiar, nuestras puertas a menudo estaban abiertas. A menudo teníamos familias de la iglesia y la comunidad que venían a nuestra casa, y cuando lo hacían, nuestros padres nos hacían salir a jugar para poder hablar. Pero cuando el clima no cooperaba, terminábamos jugando adentro.

No podía haber tenido más de cuatro, y estábamos jugando a las escondidas adentro. Estaba escondido en el armario de un dormitorio cuando me encontraron. Corría por la cocina mientras mi hermano me perseguía. En el pasillo, podía escuchar sus pasos justo detrás de mí. Eric estaba ganando, a punto de atraparme, cuando una puerta se abrió y me golpeó en la frente. Me aventó hacia atrás, y la parte de atrás de mi cabeza golpeó el suelo cuando comencé a ver estrellas brillando en mis ojos. Los segundos pasaron y finalmente el techo volvió a enfocarse. Me dolía todo, y miré hacia arriba para encontrar a nuestra amiga de la familia, Kathy Vallotton, parada a mi lado. Me preguntó si estaba bien, pero no contesté. Simplemente me puse de pie, hice a un lado cualquier pensamiento con respecto al dolor y apreté los dientes para no llorar. No le dije a nadie que estaba herido. Yo era rudo.

Años después, Kathy me decía que nunca lloraba, ni siquiera cuando estaba herido. Podría haber tenido una alta tolerancia al dolor, pero en los próximos años conocería un nuevo tipo de dolor que no podía imaginar.

No mucho después del incidente con el juego de las escondidas, estaba sentado en la parte trasera de nuestro Toyota azul con puerta trasera. Nos dirigíamos hacia Redding para ver a mis abuelos y mis padres estaban en la parte delantera del auto, cantando canciones de adoración. Saliendo de las montañas y hacia un paso, llegamos a un tramo recto de la carretera, y ahí fue cuando sucedió. Había una intensidad en el coche, algo que nunca había experimentado. Era un momento santo, un momento en el que el cielo parecía acercarse y nunca había sentido algo así. Era la Presencia de Dios, lo sabía, incluso a los cuatro años, pero esta vez lo experimentaba de primera mano y había salido de la nada. Podía sentir que algo se agitaba dentro de mí y era sagrado. El aire en el coche era denso y sentí que algo dentro de mí cambiaba. Un sentimiento me invadió, un sentimiento que nunca había experimentado, y no pude evitar responder. Comencé a hablar en otro idioma, un idioma que no podía entender pero que tampoco podía dejar en mi interior. Fue la primera vez que hablé en lenguas.

En ese paso de montaña, Dios se volvió real para mí de una manera completamente nueva. No había hecho nada para que esto sucediera, no había tratado de forzarlo y no había habido miedo, solo paz y alegría. Fue la experiencia más pura e innegable de Dios. El cielo bajó a ese auto y era imposible negarlo. Tuve una experiencia con Dios que no podía ser inventada. Seguimos conduciendo y finalmente el momento pasó. Fui marcado en ese día y todavía es parte de mí.

Había sido despertado por este encuentro con Dios, pero a medida en que yo crecía hubo otros despertares. Cuando tenía siete años, una chica de mi edad en mi vecindario venía y jugábamos mucho en mi patio trasero. Éramos amigos íntimos y a menudo explorábamos los bosques juntos.

Un día de verano, estábamos jugando fuera de la vista de mis padres. Corrimos hacia una pila de rocas en nuestro patio trasero y ahí fue cuando nuestra curiosidad nos venció. Me preguntaba sobre las diferencias entre niños y las niñas y ella estaba igual de curiosa que yo. Sabíamos que estaba mal, pero decidimos hacerlo de todos modos. Me moví para besarla y ella me devolvió el beso. Se sintió bien, así que dimos el siguiente paso y nos mostramos lo que nos hacía diferentes. En ese momento, mi estómago se revolvió, y algo se despertó.

Yo sabía que estaba mal. Algo me decía que no lo hiciera, pero ignoré esa pequeña voz y la hice a un lado. Pero ahí, cuando me golpeó la realidad de nuestra decisión, me llené de culpa y vergüenza.

Corrí por la puerta trasera de mi casa, sabiendo que había hecho algo malo. Y aunque antes había roto las reglas, de alguna manera esto era diferente. Fue la primera vez que sentí el peso y la intensidad de la culpa real. Tuve que decirle a mi mamá; no pude esperar.

La encontré dormida en el sofá, pero no podía dejarla dormir. La sacudí para despertarla, le conté todo tal como había sucedido. Ella no ofreció una gran respuesta, solo asintió y me dijo que fuera a jugar, y me pregunté si me había escuchado. ¿No debería haber estado enojada o molesta? ¿No debería su respuesta coincidir con la culpa que estaba sintiendo?

Más tarde esa noche, le dije otra vez, solo para asegurarme de que ella entendiera lo mucho que lo sentía. Ella todavía no explotó ni se asustó. Yo iba a estar bien, ella dijo. Ella vio que lamentaba lo que había hecho, y me dijo que si todavía sentía el peso de la culpa, debería ir directamente con Dios y hacerle saber lo mucho que lamentaba lo que había hecho. Él me perdonaría.

Fui a mi habitación, todavía sintiendo el peso de lo que había hecho esa tarde. Pero seguí el consejo de mi mamá y me dirigí a Dios, diciéndole cuánto lo lamentaba. Tan pronto como oré, tan pronto como me arrepentí, la culpa desapareció. Y fue entonces cuando me di cuenta de que era responsable ante mis padres y ante Dios por mis acciones. También me di cuenta de que tenía opciones con respecto a cómo viviría mi vida. Podría elegir lo correcto o lo incorrecto, pero si elegía hacer lo que sabía que estaba mal, sufriría las consecuencias de la culpa y la vergüenza. Fue el arrepentimiento lo que trajo la libertad de la culpa.

Experimenté la libertad en ese momento, así que me propuse compartir las cosas más difíciles con mi mamá a lo largo de los años. Después de la escuela, todos nos sentábamos en la cocina y hablábamos de nuestros días. Le decía todo, los altibajos, incluso cuando había roto las reglas. Ella era rápida para darme ánimo y perdón, pero nunca bajó el estándar. También, ella sonreía y se reía mucho. Cuando lo necesitaba, ella me hacía ver las malas decisiones que había tomado, pero siempre era seguido de una palabra comprensiva, y aunque no siempre lo aceptaba, también era rápida con los abrazos.

Mi papá era tan cariñoso como mi mamá. Cada noche entraba a nuestras habitaciones y oraba por cada uno de nosotros. Nunca se perdió una noche, aunque había algunas noches que llegaba muy tarde, pensando que estábamos dormidos. En esas noches, yo pretendía estar completamente dormido y escuchaba mientras él oraba por mí. Oraba por protección sobre mí y que siempre tuviera un corazón para el Señor. Oraba por mi futuro, por mi esposa y por el hombre en el que me convertiría algún día. Estas no eran oraciones rápidas. Él se tomaba su tiempo noche tras noche mientras oraba por nosotros, y mientras lo escuchaba, sus palabras me tranquilizaban para quedarme dormido.

Mis padres nos criaron bien. Nos criaron para amar a Dios y a las personas, para divertirnos y hacer nuestro mejor esfuerzo. Y aunque se esperaba que muchos hijos de pastores actuaran, se vistieran o se despeñaran de cierta manera, mi mamá y mi papá nunca pusieron ese tipo de presión sobre ninguno de nosotros. Nunca nos presionaron en la escuela, tampoco. Cuando llevábamos nuestras libretas de calificaciones a casa, primero veían nuestra conducta y luego nuestras calificaciones bíblicas. Si esas eran buenas, no se preocupaban mucho por las otras calificaciones, siempre y cuando prometiéramos dar lo mejor de nosotros. Siempre decían que si nuestra conducta y las calificaciones de la Biblia eran buenas, el resto por lo general seguiría.

Mis padres sintieron que era importante dejarnos ser niños, pero nos ayudaron a entender las cosas importantes de la vida. Solo fuimos disciplinados por tener una mala actitud o mal comportamiento. Mi padre se aseguró que entendiéramos que éramos responsables de nuestras acciones, y si hacíamos un desastre o lastimábamos a alguien, era nuestro trabajo corregir las cosas. Nos criaron para entender el impacto de las decisiones correctas e incorrectas en la vida. Y aunque mis padres se apresuraron para afirmar en mi el amor y el perdón de Dios cuando elegía hacer algo mal, no pretendían que no existían consecuencias muy reales cuando elegía hacer el mal. Había disciplina cuando lo merecíamos y gracia cuando nos arrepentíamos y limpiábamos los desastres que hacíamos.

Estas eran lecciones sobre las que me apoyaba a medida que crecía, y necesitaba aprender y reaprender. No sabía que tendría que aprender estas lecciones de una manera mucho más profunda a mis treinta y tantos años. Tendría que trazar una línea a través de mi historia y volver a algunas de esas verdades fundamentales y limpiar algunos de los desastres que había hecho.

TRES

LAS CUATRO ARMAS

* * *

El terror comenzó cuando yo tenía apenas siete años. Llegó rápido, de manera inesperada y de la nada. No era como nada que hubiera visto o experimentado, y al principio no noté ningún disparador específico. Fue simplemente aterrador.

Como hijos del pastor, Eric, Leah y yo estábamos en la iglesia cuando las puertas estaban abiertas. "No *tenemos* que ir a la iglesia", decía mi papá. "Nosotros *podemos* ir". Y la verdad es que realmente lo disfrutábamos. Yo asistía a la mayor parte de los eventos para niños y fue en una de esas reuniones, en un grupo pequeño para niños, cuando comenzó. Fue el momento en que todo cambió y mis ojos se abrieron a un mundo invisible.

En una sala llena de enérgicos alumnos de primer grado, estaba sentado con mis amigos y cantábamos una canción. El pastor de adoración de los niños estaba sentado en una silla frente a mí, cantando canciones y pidiéndonos que aplaudiéramos. Incluso cuando era niño, sabía qué canciones me gustaban y qué canciones no, y esta cayó en la categoría de "*no me gusta*". Pensaba que era tonto y me dio vergüenza cantar.

Comenzó otro verso y ahí fue cuando el aire a mi alrededor cambió. Era como si alguien abriera una puerta dejando entrar una corriente fría.

Una presencia llenó la sala, pero esta presencia no era santa, y ciertamente no era la Presencia que había experimentado en el coche o junto a mi mamá en esas madrugadas. No había alegría y tampoco había paz en ella. Esta presencia era diferente. Era oscura y supe de inmediato que era malvada.

El pelo en la parte posterior de mi cuello se erizó y la piel de gallina comenzó a brotar en mis brazos mientras un sudor frío brotaba por mi frente. Inmediatamente me llené de terror. Había visto a personas manifestar demonios mientras oraban por ellos en la iglesia, pero la verdad es que nunca pensaba mucho al respecto. Era algo que sucedía de vez en cuando durante un llamado al altar cuando la gente pasaba para recibir una oración, pero en ese momento, el pensamiento de que un demonio podía poseerme se convirtió, por primera vez, en un verdadero temor.

Pensaba en aquellas personas que se manifestaban en la iglesia, cómo se agitaban y se sacudían, y aunque no estaba haciendo nada de eso, me preocupaba poder hacerlo en cualquier momento. En mi interior, me sentía como se ven por fuera aquellos que se manifestaban: fuera de control, abrumados, aterrorizados. El terror se estaba acumulando y ahí fue cuando vino la pregunta.

¿Podría un demonio manifestarse en mí?

Parecía que no podía alejar el miedo de que un espíritu maligno pudiera apoderarse de mi cuerpo. Fue un pensamiento tan aterrador y jugó una y otra vez en mi cabeza. Estaba perdiendo mi compostura y hundiéndome bajo oleadas del temor.

Pensé que debía orar pero no sabía qué decir. ¿Y si el miedo me abrumaba? ¿Qué pasaría si pierdo el control delante de todos? Mis amigos siguieron cantando, aplaudiendo al ritmo y riendo. Ellos no estaban experimentando el terror que estaba creciendo y con cada minuto se hacía cada vez más pesado. ¿Por qué yo sí lo estaba? ¿Cómo podía hacer que se detuviera?

La oscuridad estaba a mi alrededor y quería esconderme. Solo había un problema: no había dónde esconderse. Mi corazón seguía latiendo con fuerza, y sabía que era demasiado pequeño para luchar solo. Me sentía atrapado, como si no pudiera escapar, pero miré por encima de mi hombro y vi un camino despejado hacia la puerta, así que hice lo único que podía pensar hacer. Corrí del miedo, directamente al baño.

Cerré la puerta, me incliné sobre el fregadero y tomé un respiro profundo, luego otro. Esto era algo más allá de mí, y estaba confundido y asustado, abrumado por todos los sentimientos dentro de mí. Me volví hacia el espejo y me miré a los ojos, buscando algo fuera de lo común, algo que pudiera explicar lo que estaba pasando. Había escuchado que si un demonio poseía a alguien, se podía ver al mirar sus ojos. Miré y miré, pero no vi nada. Mis ojos no estaban como inyectados en sangre y no había ninguna cara diabólica que me mirara. Pero si no estaba endemoniado, ¿por qué tenía tanto miedo? ¿De dónde había venido todo ese miedo? No había sucedido nada que causara este terror repentino, pero era inquebrantable.

Nada tenía sentido y no me sentía seguro. No pude sacudir el miedo de tener un demonio; y si me quedaba en esa casa, si no salía de ese baño, podría perder el control por completo. Necesitaba a mi mamá y a mi papá, así que sin pensarlo dos veces salí corriendo de esa casa.

Corrí lo más rápido que pude, y mientras corría por las calles de Weaverville, mi mundo comenzó a cerrarse y colapsarse sobre mí. El cielo presionaba mi corazón, el cual había estado latiendo muy fuerte incluso antes de que empezara a correr y sentía como si fuera a explotar. El terror estaba justo detrás de mí, persiguiéndome por la calle. Lo sabía.

Corrí por la puerta de mi casa, crucé la sala y me doblé, jadeando por aire. Mi papá estaba ahí, se levantó del sofá y preguntó qué pasaba. Lloré y tartamudeé, traté de decirle que algo estaba pasando, pero no podía pronunciar las palabras. Sin embargo, no necesitaba ninguna palabra, porque el pánico en mis ojos contaba la historia. Sabía que esto no era algo normal para los niños. Algo estaba desesperadamente mal y necesitaba su ayuda.

Mi papá no perdió el tiempo y comenzó a pelear por mí. Fue una guerra total y su actitud generalmente tranquila dio paso a algo más feroz, algo más militante. Tomó autoridad sobre la presencia maligna y le ordenó que dejara de atormentarme con oraciones audaces y agresivas, pero incluso mientras oraba, el miedo no me soltaba. Se aferró a mí.

Fue entonces cuando comenzó a adorar. Cantó las canciones que sabía de memoria, canciones que cantábamos en la iglesia casi todos los domingos. Pero la forma en que cantaba esas canciones no era suave y gentil. Las cantó con el mismo denuedo de sus oraciones, directamente al corazón de Dios.

Parecía que nada cambiaba, por lo menos no al principio. Aunque sabía que mi papá estaba conmigo, el temor era implacable. A medida que pasaban los minutos, comencé a pensar que tal vez nunca terminaría, pero mi papá siguió cantando y no se detuvo. Pasaron diez minutos, luego veinte. Finalmente, treinta minutos después, el terror abrumador fue quebrantado. Había estado atrapado en un infierno que yo no había creado, y treinta minutos después de que mi papá comenzó a cantar y orar por mí, ese sentimiento infernal abandonó mi cuerpo. Conocía la paz que sobrepasa todo entendimiento y estaba lleno de gratitud. Era como si el cielo bajara y se hiciera cargo, como lo había hecho en el auto cuando tenía cuatro años.

El tormento se había ido. Lo que pensé que podría llevarme hasta la muerte no lo hizo, y finalmente estuve a salvo con mis padres. El terror ya no me consumía y mi corazón latía de manera regulada. Ya podía respirar. Estaba vivo.

La noche en el grupo pequeño de niños fue una que nunca olvidaré, y después de eso, todo fue diferente. Me hice más sensible al mundo espiritual y pude sentir la presencia de Dios y la presencia del mal.

La iglesia estaba experimentando un movimiento de Dios en esos días, y más y más personas venían a experimentar a Dios de una manera muy real. Ellos hallaban salvación, sanidad y liberación. En realidad estaban encontrando libertad. Pero después de mi primera experiencia con lo demoníaco, una iglesia se convirtió en un lugar potencial para que mi terror emergiera.

Hubo algunos domingos llenos de guerra espiritual en mi infancia, pero hay un domingo que nunca olvidaré. Mi papá estaba predicando, y cuando terminó, invitó a las personas a responder, para que pasaran al frente si necesitaban oración. La respuesta a la invitación fue abrumadora, tal como había pasado en tantos domingos anteriores a este. La gente salió de sus asientos y avanzó hacia el frente. Me paré junto a mi mamá y sus ojos estaban cerrados mientras oraba por las personas que venían al frente.

Mi papá estaba con el resto del equipo de oración mientras las personas hacían fila para orar. El equipo de adoración comenzó a tocar y pude sentir que algo cambiaba en la sala. Era poderoso, e incluso a esa edad, sabía que Dios estaba haciendo algo especial.

De la nada, una mujer gritó como si estuviera siendo atacada por alguna fuerza invisible. Ella cayó al suelo y comenzó a temblar. Sus brazos se tensaron, luego sus piernas. ¿Acaso ella estaba experimentando dolor? Sus ojos se agrandaron y parecía que estaba atrapada dentro de una pesadilla despierta. Estaba lo suficientemente cerca para tocarla, pero no me atreví. Algo oscuro la rodeaba y no quería que me atacara. Podía sentir el miedo comenzando a acumularse en mi estómago.

Mi papá y un par de personas del equipo de oración se arrodillaron junto a la mujer, y declararon el nombre de Jesús sobre ella antes de comenzar a orar en voz baja. Pasaron solo unos minutos antes de que su cara cambiara por completo y ella dejó de llorar. Vi como la paz parecía venir sobre ella, y ella cerró los ojos y sonrió. Su tormento había terminado. La paz había llegado. Pero a pesar de que esta mujer había sido liberada, todo lo que sentí fue temor.

Cuando salimos del estacionamiento después del servicio, me sentí aliviado de que la experiencia había terminado. Salí del edificio de la iglesia sin ser absorbido en mi propia pesadilla de temor. Evité otro episodio de pánico, y se sentía como algo muy parecido a un milagro.

Esa noche, le pregunté a mi papá cómo una persona podía estar poseída. Intentó explicarme con palabras que un niño de siete años entendería. Él explicó que a veces hay una voz, una influencia oscura en la vida de una persona que los anima a hacer el mal, y con el tiempo, esa voz los lleva por un camino cada vez más lejos de Dios.

"Pero una influencia demoníaca no puede permanecer en tu vida si tú no quieres", me dijo.

Yo había recibido a Jesús en mi corazón y había sido lleno del Espíritu Santo. Tenía padres que estaban orando por mí. Aun así, me preguntaba si un demonio podría controlarme, y mi papá debe haber sabido lo que estaba pensando porque me dijo que no me preocupara. Si bien podría ser atormentado, no estaba poseído. Dios me había dado las herramientas para estar conectado con Él y luchar contra esas fuerzas oscuras. Dios me protegería.

Mi papá me dio garantías que podía entender a esa edad. Había hablado palabras que me ayudaron a superar los temores irracionales que me habían invadido. Me aferraría a esas palabras en los próximos años.

Pasaron las semanas y me uní a mi papá para la reunión de oración que regularmente teníamos los viernes por la noche. Comenzó con adoración, como cualquier otra reunión de oración. No había ninguna otra agenda más que adorar, y en esa atmósfera buscábamos el corazón de Dios y le preguntábamos a dónde quería llevarnos esa noche. Mientras se escuchaba la música, algunas de las personas en el servicio se pusieron de pie. Algunos se sentaron.

Algunos estaban boca abajo en el suelo en adoración. En cuestión de minutos, pudimos sentir su presencia con nosotros.

Fue una noche inusual, una de esas ocasiones en las que la Presencia de Dios era fuerte, y mientras cantábamos, una mujer a la que nunca habíamos visto entró en la habitación, y era ruidosa y perturbadora. Ella era incoherente y áspera, y trajo algo oscuro junto con ella. Y aunque la sala estaba unificada en alabanza y adoración antes de que ella entrara, estaba ocasionando una interrupción.

En cuestión de minutos, pasó de ser ligeramente perturbadora a volverse completamente loca. No había ninguna duda al respecto, estaba endemoniada, y un par de personas la rodearon. Trataron de calmarla, y mientras lo hacían, sentí que un temor familiar comenzó a elevarse en mi estómago. Había una batalla en el reino espiritual, y aunque solo tenía siete años, podía sentirlo. Sabía que el enemigo estaba tratando de interrumpir un momento sagrado.

Sin embargo, no fui el único que lo sintió. Al diablo se le había pasado la mano y había ido demasiado lejos con esta mujer. Era evidente para todos nosotros. Pero lo que estaba destinado a ser una distracción en realidad nos llevó más profundamente hacia Dios. La sala se movió como una sola y nuestra adoración y oración se hicieron aún más intensas y enfocadas. Nuestra alabanza subió más alto y fue más amplia y más profunda. Y aunque el pánico se encontraba cerca, aunque estaba justo ahí afuera, no me estaba atacando. De alguna manera, sabía que Dios me estaba protegiendo.

Me uní a la adoración y aunque pude sentir el caos a mi alrededor, nunca me superó. La Presencia de Dios fue tan poderosa y presente durante esa reunión. Sabía que Dios me protegería. Nunca había estado tan seguro de algo.

En esa atmósfera de adoración enfocada, esa oscuridad nunca tuvo oportunidad. Después de algunas canciones, la mujer fue liberada de su tormento. Ella dejó de gritar y llorar, y su cuerpo se relajó mientras caía en un profundo descanso. Pude sentir cuando la paz entró en la habitación, y llegué a comprender que en un ambiente de adoración, en un lugar donde Dios está presente, el enemigo no tiene poder.

Los ataques de terror y miedo no eran poco comunes en aquellos días. Tenían la capacidad de agarrarme en cualquier momento. A veces ganaba esas batallas, pero otras veces, el miedo se apoderaba de mí.

Muy a menudo, el miedo venía de noche. Me quedaba mirando el techo negro y me preguntaba si podría ver a un demonio, o tal vez incluso al diablo mismo, y mis pensamientos se salían de control. Algunas noches, parecía que no podía aguantarlo. El miedo se intensificaba y se convertía en terror. El terror era un peso demasiado grande, y se asentaba en mi pecho, amenazando con aplastarme y derribarme.

Había momentos en los que el terror se volvía tan denso que perdía el control. Me levantaba de la cama y corría por el pasillo, esperando que algún demonio no abriera la puerta del armario y me derribara. En esos momentos el pasillo no tenía fin, pero cuando finalmente llegaba al final, me dirigía a la escalera, subía corriendo y daba vuelta en otro pasillo completamente oscuro que llevaba a la habitación de mis padres. El miedo me perseguía durante todo el camino, y cuando finalmente llegaba a su puerta, gritaba: "¡Está sucediendo otra vez!"

Corría a su cama y saltaba justo entre ellos, agachándome sobre mis rodillas. Mi papá se sentaba, tomaba mis hombros, me levantaba y me miraba a los ojos. Sus ojos eran amables pero intensos, y me decía que todo iba a estar bien. Pero tan ciertas como eran esas palabras, no se sentían reales en ese momento. El terror que me acechaba a la mitad de la noche era demasiado y amenazaba con consumirme.

Siendo tan joven, no entendía cómo combatir este miedo cuando descendía. No era una pesadilla de la que mi papá pudiera despertarme o alguna reacción exagerada de la que pudiera convencerme con palabras. Esto era algo real, un ataque demoniaco que tenía que ser combatido. Comenzaba diciendo el nombre de Jesús. Él no solo lo cantaba sobre mí. Él declaraba el nombre. Él sabía que el nombre de Jesús declarado en fe tenía poder. Si el temor no era quebrantado, él suplicaba por la sangre de Jesús sobre mí. Él decía que ninguna fuerza demoníaca podría resistirse a Su sangre. Él declaraba la sangre una y otra vez, y por extraño que esto haya sonado en mi infancia, incluso un poco aterrador, no lo era para mí. Me daba una cierta medida de consuelo.

Cuando los ataques persistían, y me hundía más profundo en mi propio miedo, mi papá buscaba versículos que había memorizado. Los declaraba sobre mí como promesas que eran mías, pero si eso no funcionaba para traer libertad, comenzaba a adorar, y generalmente en ese momento era cuando todo empezaba a cambiar. La mayor parte de las noches, era la adoración la que comenzaba a traer alivio. La pesadez abrumadora se levantaba y el cielo venía. Y una vez que la intensidad comenzaba a elevarse, me pedía que cantara con él. Él comprendía la importancia de estos momentos. Él no podía ser el único luchando; yo necesitaba aprender que también tenía un rol que desempeñar.

Esas noches se repetían una y otra vez. En algunas ocasiones, el terror pasaba rápidamente, pero otras noches duraba tanto tiempo que mi mamá tomaba su almohada y se iba al sofá mientras mi papá seguía peleando. Peleaba hasta que el pánico era quebrantado, y lo que yo recuerdo es que él utilizaba las mismas cuatro armas: la adoración, la sangre de Jesús, el nombre de Jesús y la Palabra de Dios.

En los primeros días, mi papá no me enseñó los principios teológicos de luchar contra los ataques espirituales. En lugar de eso, simplemente hacía el trabajo de luchar por mi libertad cuando estaba atrapado en esos momentos de caos.

Cuando no estaba perdido en el pánico, mis padres me enseñaron cada uno de esos principios básicos para que pudiera comprender el poder que cada uno tenía en mi vida. Me enseñaron que cuando estás luchando contra un ataque espiritual en curso, Dios está usando esos momentos para entrenarte para la guerra, para aprender cómo ganar autoridad en esa área de la vida que está siendo atacada.

Pasaron cuatro años y, aunque tuve momentos intensos de temor, mi infancia fue casi normal. Jugué afuera y exploré el bosque. Jugué béisbol, baloncesto y fútbol. Corrí con mis amigos. Yo hice las cosas que hacían los niños normales. A pesar de que había temporadas en las que el miedo se acrecentaba noche tras noche, habían momentos en los que podían pasar semanas sin un episodio. Pero a medida que estos ataques iban y venían, comencé a notar la clave de mi alivio: la adoración. Fue lo que rompió el tormento y me trajo paz.

Mi papá me enseñó sobre el poder de la adoración en esos primeros años, y lo hizo luchando por mí. Pero a menudo me preguntaba qué pasaría si el pánico viniera cuando mi papá no estaba cerca. ¿Sabría qué hacer?

Hice el viaje anual al campamento al Monte Lassen con el grupo de niños de nuestra iglesia. Me encantaba ir de campamento cuando era niño. Había un arroyo en el que íbamos a nadar y a pescar. Había campos de béisbol y cabañas y un granero con paredes de madera para nuestras reuniones. Aun así, cargué con miedo durante el campamento, porque si tenía un episodio, mis padres no estarían ahí para ayudarme a superarlo.

Nos reunimos en el granero para una sesión nocturna y cantamos todas las canciones que me encantaban. Cuando terminó el tiempo de adoración, el predicador que nos visitaba compartió, ¿sobre qué?, no lo puedo recordar, pero cuando terminó, invitó a todos los que quisieran más de Dios a pasar al frente. Era una invitación que había hecho todas las noches, pero yo no había respondido. Esa noche, sin embargo, sentí algo que me jalaba, así que caminé hacia el frente, mis amigos me seguían por detrás. Uno de los adultos se acercó a mí, me puso las manos en los hombros y oró. Cerré los ojos y escuché su oración. A nuestro alrededor, otros se reían y lloraban, y mientras él seguía orando, una alegría inexplicable me invadió. Llenó mi cuerpo y supe que necesitaba recostarme en el piso de aserrín. Cuando lo hice, sentí a Dios a mi alrededor, llenando el espacio, llenándome.

En realidad, no fui el único que percibió la Presencia de Dios. En la habitación, los niños estaban siendo tocados por Dios. Estaban cayendo en Su Presencia y hablando en lenguas. Una niña a mi izquierda estaba tendida en el suelo llorando, y mientras seguía llorando, podía sentir una profunda tristeza en ella. Sus lágrimas se convirtieron en sollozos, y supe que debía estar lidiando con algo pesado.

Algunos adultos la rodearon y comenzaron a orar, pero ella solo lloró más fuerte mientras más dolor parecía llenarla. Este tipo de cosas normalmente me hacían caer en temor, pero había algo diferente. Sentí que estaría a salvo si me quedaba justo donde estaba, sobre mi espalda, permaneciendo completamente vulnerable. Sabía que no tenía que ponerme en guardia para intentar protegerme. Solo necesitaba quedarme en ese momento con Dios, adorarlo y confiar en que Él mantendría el temor y el pánico lejos. Y cuando me entregué a esa verdad, Dios fue fiel. El terror nunca me tocó.

Fue un momento poderoso y se convirtió en un gran momento de esperanza. Dios me había mostrado que podía combatir el pánico y el terror, incluso cuando no había alguien cerca para ayudarme. Era un ancla que necesitaría en los días por venir.

A través de los años, a través de las enseñanzas de mi papá, he llegado a comprender las cuatro armas que usó para combatir los ataques del enemigo: el nombre de Jesús, la sangre de Jesús, la Palabra de Dios y la adoración. Él nunca usó esas armas al azar. En cambio, discernía lo que se necesitaba en ese momento y utilizaba esa herramienta.

Con el tiempo, llegué a entender exactamente por qué mi padre usaba esas herramientas. Lo escuché predicar sobre la sangre de Jesús, cómo conlleva autoridad y peso y cómo se nos ha dado autoridad a través de su nombre para ir en contra de cualquier ataque. Comencé a entender cómo el nombre de Jesús trae libertad. Yo veía como mi papá oraba por la gente y como la sanidad venía en el nombre de Jesús, tal como lo hizo Pedro en el libro de Hechos.

> Entonces Pedro dijo: "No tengo plata ni oro, pero lo que tengo te doy. En el nombre de Jesucristo de Nazaret, levántate y anda" (Hechos 3:6).

Y en mi propia vida, experimenté el poder de la declaración que está en el libro de Lucas:

> "Señor, hasta los demonios se nos someten en tu nombre" (Lucas 10:17).

También llegué a conocer el poder de la sangre de Jesús. Aprendí la verdad de Isaías 53:5:

> Él fue traspasado por nuestras rebeliones,
> Y molido por nuestras iniquidades;
> Sobre él recayó el castigo, precio de nuestra paz,
> Y gracias a sus heridas fuimos sanados.

Pedro usó esta misma verdad en el Nuevo Testamento, escribiendo: "Nuestra sanidad constante fluyó de sus heridas" (1 Pedro 2:24), y he aprendido que la palabra "sanidad" ahí, *sozo,* no significa simplemente sanidad física. Significa salvación, sanidad y liberación. Así que, todos esos años atrás, mi papá estaba orando por la sanidad completa de mi espíritu, alma y cuerpo.

El poder de la Palabra de Dios es innegable. No son solo palabras en una página. Está vivo y activo, hablándome sobre cualquier situación que esté pasando. La Escritura es la palabra misma de Dios y tiene el poder a través de Su espíritu para cambiar cualquier situación. Como Brian Simmons dijo una vez: "Sólo los que tocan las Escrituras con fe reciben sus promesas". A medida que fui creciendo en la comprensión de mi fe, experimenté esa verdad. Aprendí que "Ni una promesa de Dios está carente de poder, porque para Dios no hay tal cosa como la imposibilidad" (Lucas 1:37) y que "Toda la Escritura es inspirada por Dios..." (2 Timoteo 3:16). Hay anclas en la Biblia, y en diferentes temporadas, diferentes escrituras cobraron vida para mí. Me tranquilizaron y me dieron el coraje para atravesar tiempos difíciles y, a veces, dolorosos.

Tan poderosas como fueron estas herramientas, el nombre de Jesús, la sangre de Jesús y la Palabra de Dios; la adoración fue la herramienta que más utilicé. Muy a menudo, trajo un alivio completo, y con el tiempo, me di cuenta de la verdad que Morris Smith predicó una vez: "La adoración real desafía la definición, solo se puede experimentar. Dios nunca quiso que la adoración fuera la discusión de los libros de texto, sino la comunión con Dios experimentada por sus seres amados".

Me apoyé en esta verdad: la adoración es más que cantar canciones a Dios; es invertir en nuestra relación con Él, incluso cuando no tenemos ganas de hacerlo o cuando las circunstancias son difíciles. La adoración reconoce esas dificultades y se vuelve hacia Dios independientemente. Cuando adoramos, declaramos quién es Dios y quiénes somos a través de él.

Construí mi vida en torno a la adoración y experimenté el poder de Dios. Pero en las horas posteriores a mi regreso del río con Braden, la adoración no parecía traer un rompimiento. Tal vez fue porque este episodio era diferente al pánico de mi infancia. Claro, hubo algunas similitudes: el pánico surgió de la nada; llegó sigilosamente; fue implacable. Pero a pesar de todas las similitudes, también se sentía muy diferente. El pánico de mi infancia parecía estar conectado a una realidad espiritual más grande. El ataque que había comenzado en el río no estaba conectado a nada espiritual, al menos no que yo pudiera ver. Tal vez es por eso que esas herramientas familiares no parecían estar funcionando.

En la casa, luchaba por poder respirar y me preguntaba qué estaba pasando. Necesitaba desesperadamente algún tipo de alivio, pero no llegaba. Y si hubiera sabido que la libertad no vendría por otros seis meses, no estoy seguro de que lo hubiera logrado.

CUATRO

LA ESPIRAL

* * *

Me paseé por el piso de la sala, y mi respiración se tornaba cada vez más profunda. Jenn preguntó si se sentía como uno de los ataques de mi infancia. "Era diferente", le dije. Ella preguntó cómo, yo no sabía cómo explicarlo. Le dije que no podía superar el pánico, que aparentemente no podía respirar.

"Trata de reducir la velocidad", dijo.

Mis pensamientos estaban nublados y parecía que no podía unir un pensamiento racional. ¿Estaba perdiendo la cabeza? Necesitaba que Dios me librara de cualquiera que esto fuera. Necesitaba creer que la paz podía llegar tan rápido como el pánico se había establecido junto al río.

Dando vueltas en espiral, sin aliento, hice mi mejor esfuerzo para cantar junto con la música de adoración que se escuchaba en los altavoces de la casa. Había experimentado el poder de la adoración tantas veces en mi vida y había vivido de primera mano la libertad que ella traía. Pero en este momento de una nueva necesidad, nada parecía funcionar.

Esto tiene que parar. No puedo respirar. Me estoy sofocando.

Estaba arrodillado en el suelo junto a la ventana, mi cara en el suelo, cuando escuché la voz de mi papá. Levanté la vista, los vi a todos ahí en la cocina. No recuerdo que ellos hayan entrado, pero ellos estaban parados con

Kris y Kathy, al rededor de Jenn, haciéndole preguntas. Se dieron la vuelta y entraron en la sala.

Podría haber pasado una hora desde que llegué a casa, o podría haber pasado una eternidad. No tenía ni idea. Estaba desconectado del tiempo. Le pregunté a mis padres cuánto tiempo habían estado en la casa, y mi mamá me dijo que habían pasado quince minutos. ¿Cómo es que no los había visto durante quince minutos? *Todo está decayendo*, pensé.

Mi mamá repitió la pregunta de Jenn y preguntó si esto era como lo que había experimentado cuando era niño. Le dije que era diferente. No había tenido miedo de los ataques espirituales durante más de quince años, y esto no era igual. Esto era algo más, algo así como mi mundo chocando contra sí mismo. Todo estaba colapsándose y aunque podría haber habido algún componente espiritual, ¿no siempre lo hay? Esto era algo más físico. Algo estaba desbalanceado en mi cuerpo.

Vino otra ráfaga, otra oleada de algo que se sintió como adrenalina. Se precipitó sobre mí sin previo aviso y fui arrastrado más profundamente hacia un pozo cada vez grande. El aire en la sala se sentía cargado de electricidad, y apreté los puños y apreté los dientes, esperando poder detenerlo a fuerza de voluntad.

Nada había cambiado.

Kris se acercó a mí y me dijo que estaría bien. Él había pasado por su propio tormento, una crisis nerviosa de la que finalmente había encontrado libertad, y sus palabras me dieron un poco de consuelo. Todavía paseando, todavía buscando el equilibrio, volteé hacia la ventana. ¿Cuántas horas habían pasado?

Mi corazón latía contra mi pecho con ritmo, como si fuera a reventar. Volteé de nuevo desde la ventana y noté a Mark, un capitán de bomberos retirado y un amigo de la familia. No tenía idea de cuánto tiempo había estado ahí. Estaba hablando con Jenn en la cocina y, por primera vez, noté que sus ojos estaban rojos y pesados. Sus hombros estaban caídos. Ella estaba cargando con este peso, conmigo. Ella escuchó a Mark y asintió. Mark alcanzó su teléfono y se dirigió a la calle.

Jenn entró en la habitación y tomó mi mano. Ella me dijo que la ambulancia estaba en camino. "Todo va a estar bien", dijo. Sabía que este era el tipo de cosas que las personas dicen cuando intentan convencerse a sí mismas. Ella estaba tratando de convencernos a ambos.

El técnico de emergencias médicas se materializó como todos los demás lo habían hecho en las últimas horas. Esto estaba sucediendo realmente. Me volví hacia Jenn, la miré a los ojos y le pedí que orara. Sobre su hombro, vi a mis hijos, acurrucados, llorando, asustados. Había una intensidad eléctrica en el aire y zumbaba a través de todos nosotros.

Pero entonces, un momento divino de claridad me capturó y me tomó por sorpresa. Durante las últimas dos horas, estuve en modo de supervivencia mientras todos se movían a mi alrededor y trataban de cuidarme. Por primera vez desde que esto comenzó en el río, vi una muy pequeña luz de esperanza al final de un túnel muy oscuro. Ese indicio de luz no creció, pero fue suficiente, y en ese momento sentí que tenía que hacer una declaración de fe sobre mí y sobre mi familia. La presión se acentuó más fuerte en mi pecho, pero caminé hacia mis hijos, los jalé cerca de mi y dije: "Aquí es cuando Dios se vuelve real".

Era lo más verdadero que se podía decir en el momento. Sabía que tenía que trazar una línea sobre la arena y luego pasar por encima de ella. Traté de recordarme mi propia historia y recordar cómo Dios siempre se había encontrado conmigo en mis momentos de mayor desesperación, cómo Él siempre había sido fiel. Y a pesar de que este momento parecía sin esperanza, aunque no sabía cuándo o cómo se resolvería, este paso de fe envió un mensaje a mis hijos. No pude protegerlos de la realidad de mi quebranto. Ni siquiera quería. Quería que ellos vieran mi quebranto para que pudieran verme elegir creer en Dios. Necesitaban experimentar lo que solo Dios puede hacer. Dios se vuelve real de una manera completamente nueva cuando se vuelve tu única opción, y necesitarían de este momento para darse cuenta de esa verdad. Se convertiría en un ancla para su propia fe.

Fue uno de los mayores momentos de confianza que he elegido. Incluso hoy, intentar ponerle palabras es difícil porque las palabras no le hacen justicia al significado y al poder que tuvo.

El técnico de emergencias médicas me llevó a la mesa de la cocina y me pidió que me sentara. Tomó mi pulso y sostuvo el estetoscopio sobre mi pecho y escuchó mi respiración. Revisó mis signos vitales. No sabía qué significaban los diferentes números, pero mi corazón estaba acelerado y los técnicos de emergencias médicas parecían nerviosos mientras trabajaban rápido.

Se volvió hacia su compañero y le pidió algo, y el segundo técnico de emergencias médicas salió de la habitación. Momentos después, regresó a la cocina con un tanque de oxígeno. Me entregó una máscara de plástico transparente y la sostuve sobre mi nariz y boca mientras giraban el perno. El oxígeno fluyó y respiré tan profundamente como pude. Finalmente sentí que el aire llenaba mis pulmones por primera vez en horas. Hubo un pequeño rayo de esperanza.

Dio un pinchazo en mi antebrazo para poder colocar la vía intravenosa. El técnico de emergencias médicas bombeó algo a través de esa vía intravenosa y sea lo que sea, fue un milagro. Por primera vez en horas, todo se desaceleró. Mi cuerpo se estaba calentando y mi corazón no latía tan fuerte. Era una paz química, claro, pero en ese momento tomaría cualquier tipo de paz que pudiera conseguir.

Mi corazón todavía latía demasiado fuerte y rápido, pero había buenas noticias. Los técnicos de emergencias médicas no pensaban que estuviera teniendo un ataque al corazón. Pero todavía querían llevarme al hospital para observación. Asentí, me puse de pie y los seguí fuera de la cocina y por la puerta principal. Cuando me cargaron en la ambulancia, recordé lo que les había dicho a mis hijos.

Aquí es cuando Dios se vuelve real.

CINCO

MI PROPIA ARMA

* * *

El terror iba y venía todo el tiempo hasta mis años de preadolescencia, y no había razón alguna para que viniera o se fuera. Nunca sabía cuándo podía aparecer, cuándo podía caer sobre mí. Pero entender por qué venía el pánico era menos importante para mí que saber qué hacer cuando sucedía, y con la ayuda de mis padres, estaba aprendiendo a manejarlo.

Mis padres lideraban con el ejemplo durante esos tiempos. Entraban y tomaban autoridad sobre el pánico, y cultivaron una atmósfera de adoración que echaba fuera el terror. Sin embargo, a medida en que yo crecía, mis padres comenzaron a enseñarme cómo luchar por mí mismo. Necesitaba tomar responsabilidad personal por lo que estaba sucediendo en mi vida. Necesitaba aprender el poder y la autoridad que yo cargaba.

Me sentía con cualquier otra cosa menos con autoridad. Estaba en la preparatoria y el miedo se estaba extendiendo hacia mi vida cotidiana. Comenzaba a sentir pánico y sentía claustrofobia en automóviles y ascensores. La noche también desataba temor, lo que aumentaba las posibilidades de tener un episodio esa noche. En los momentos de claridad, sabía que estos temores eran irracionales, pero cuando llegaba el terror, el pensamiento racional no importaba. No había manera de explicar el miedo.

Mi mamá y mi papá no permitieron que el miedo consumiera a nuestra familia. Si el pánico llegaba a primera hora de la noche, mi papá me llevaba a otra habitación para ayudarme a superarlo. Antes de que mi mamá se uniera a nosotros, ella les explicaba todo a Eric y Leah, les decía que yo iba a estar bien y que no tenían que preocuparse. Cuando todo terminaba, nos tranquilizaban a todos. "Esto no durará para siempre", decían. "Eventualmente ganarás y el pánico se detendrá".

Era una noche como cualquier otra y me senté en la sala con mi familia frente al televisor. No puedo recordar lo que estábamos viendo o cualquiera de los otros pequeños detalles de esa noche. Lo que puedo decirte es que no había ninguna razón por la cual debió haber sucedido, nada que hubiera provocado el temor, pero ahí estaba. Estalló en la parte posterior de mi cuello y los pelos de mi brazo se erizaron. Antes de que pudiera hacerlo a un lado, los recuerdos de cuando comenzó el miedo me inundaron, cómo cambió la atmósfera sin previo aviso, y ahí, rodeado por mi familia en nuestra sala bien iluminada y cómoda, la misma sensación presionaba sobre mí.

Mi papá debió haberlo visto, pero él no hizo un gran alboroto al respecto y no atrajo la atención hacia mí. En cambio, en el tono más uniforme, le pidió a mi madre que empezara a acostar a Eric y Leah, y se sentó en el sofá a mi lado mientras intentaba evitar que me desmoronara. Sin embargo, yo no podía detener la espiral. Ya no quería tener miedo, pero me sentía completamente indefenso. Él fue directamente a la oración y a la adoración.

Pasaron los minutos y sentí que la presión del miedo se relajaba un poco. No fue mucho, pero fue suficiente. Fue entonces cuando se volvió hacia mí.

"Pelea conmigo", dijo. "Venzamos esto juntos".

Él sabía que era importante que yo obtuviera mis propias victorias personales, por lo que me estaba invitando a luchar contra mi miedo junto con él.

Comenzamos a cantar las canciones sencillas de adoración, a pesar de mis lágrimas y mi falta de aliento, hice todo lo posible por cantar. Pero la paz no llegaba, entonces mi papá abrió su Biblia. Me pidió que leyera estos versículos en voz alta, declarando estas promesas sobre mí mismo:

Porque para Dios no hay nada imposible (Lucas 1:37).

Porque no nos ha dado Dios un espíritu de cobardía sino de poder, de amor y de dominio propio (2 Timoteo 1:7).

Sin embargo, el miedo todavía no me soltaba. De hecho, solo parecía intensificarse. Volvimos a adorar y pasaron horas. Canté como si fuera la última vez que le cantaría a Dios. Me dejé llevar, levanté mi voz con total pasión y desesperación, pero no estaba cantando y orando para que Dios viniera a rescatarme. En ese momento de desesperación, estaba adorando y agradeciendo a Dios por lo que sabía que iba a hacer. Me estaba asociando con Dios por mi rompimiento.

Cantamos toda la noche hasta la madrugada, y Dios mostró su fidelidad. Cuando la luz de la mañana comenzó a entrar por la ventana, el aire cambió en un instante. El manto del miedo fue reemplazado por la paz de la Presencia de Dios. Cerré los ojos, y ahí estaba otra vez, esa sensación de profunda gratitud a la que me había acostumbrado después de que el miedo era quebrantado. Se sentía como si me hubieran sacado del infierno. Pero esta vez, el rompimiento fue más rico y completo.

Mi papá también sintió el cambio y se volvió hacia mí, sonriendo. "Lo hiciste", dijo. "Tú venciste esto". Tuve su ayuda, pero yo había ganado. Fue una noche que me marcó. La alabanza tenía el poder de romper este terror impredecible. Sabía que ahora podía pasarme a la ofensiva.

Mi papá se aseguró de que no olvidara ese momento. En los días siguientes, me recordó cómo la alabanza y la adoración habían sido la clave. Y esto no era una coincidencia, era bíblico. De hecho, fue justo como la historia del rey Josafat.

El rey Josafat era el gobernante de Judá y Jerusalén, y había recibido palabras de los profetas. Los ejércitos enemigos de tres grupos diferentes de personas, los amonitas, los moabitas y la gente del monte Seir, venían a la guerra contra él y su gente. Los ejércitos enemigos eran más grandes, más fuertes y más extensos que los ejércitos del pueblo de Dios, y tenían un objetivo en mente: la aniquilación total.

Era un momento de terror, de gran temor y pánico, y la gente estaba desesperada por ser libres. Josafat también tuvo miedo y por eso llamó a la gente a una asamblea. Sobre su rostro, buscó al Señor, declaró el poder de Dios e invocó Su nombre. Sólo Dios podía rescatarlos, dijo, y fue entonces cuando se volvió a la oración audaz, recordándole a Dios las promesas que había hecho a su pueblo. Mientras oraba, el Espíritu de Dios cayó sobre uno de los profetas y ese profeta se puso al frente y desató la palabra de Dios. Le dijo a la gente que no temiera, que la batalla no era de ellos, sino de Dios. El Señor pelearía por ellos. "Vayan al campo de batalla", dijo el profeta, "y vean lo que Dios hará".

Llegó el día siguiente y fue una clásica escena de batalla bíblica. Fieles a la palabra de Dios declarada por el profeta, Josafat y el pueblo de Judá y Jerusalén marcharon hacia los ejércitos enemigos que esperaban en el valle. A medida que avanzaban hacia esta guerra, Josafat designó a los adoradores para que fueran al frente del ejército de Dios, y esos adoradores levantaron canciones y lo alabaron por adelantado por la victoria que había prometido el día anterior. Cuando los ejércitos enemigos oyeron las alabanzas de Dios, sucedió algo curioso. Descendieron al caos, se voltearon el uno contra el otro y se mataron entre sí. Así, la batalla había terminado. El pueblo de Dios había sido rescatado sin levantar una espada. Su liberación se había producido mediante un simple acto de alabanza de agradecimiento, un acto de fe antes de que hubiera ocurrido.

"Ese es el punto de la historia", dijo mi papá. "Podemos luchar contra nuestros miedos más oscuros con nada más que alabanza y adoración. Cuando Dios es glorificado, las atmósferas son transformadas cuando Él viene. Él erradica a nuestros enemigos y expulsa nuestro miedo. La alabanza y la adoración fueron las cosas que dieron la bienvenida a la presencia de Dios y trajeron la libertad". Su Presencia viene cuando se le ofrece una adoración llena de fe. Dios no puede resistir ese tipo de alabanza.

Fue solo un par de semanas antes de mi decimotercer cumpleaños y solo una semana después de esa victoria en la madrugada. Me senté en la sala con mi papá y ya era hora de irme a la cama.

"Si algo sucede esta noche", dijo, "primero trata de adorar tú solo. Pero si sientes que no puedes manejarlo, ven a buscarme. No quiero que te sientas solo o que tengas que manejarlo por ti mismo".

Le dije que iría a buscarlo si lo necesitaba. Salió de la sala y subió las escaleras hacia su dormitorio. Me quedé atrás, decidiendo si dormiría en el piso de la sala al lado de la mesa de café.

Me dormí rápidamente, pero horas más tarde, me desperté de repente. Me senté erguido en el suelo. El reloj digital al otro lado de la sala me dijo que eran las tres de la mañana, y ahí, en esas primeras horas, un escalofrío me inundó. Había una oscura presencia en la habitación, y estaba sentada justo a mi lado.

El terror familiar se abalanzó sobre mí. Y cuando empezó a jalarme bajo su influencia, escuché un pensamiento. Pero este pensamiento era tan fuerte que se sentía como si alguien lo hubiera dicho en voz alta. Vino con tanta claridad que me agarró incluso en medio del temor. No podía sacudir esa voz inquietante. Esto nunca había ocurrido antes.

Serás un homosexual.

¿Qué? Salió de la nada, y no tenía sentido. ¿Podría el diablo hacerme gay? No lo sabía, pero había tanta desesperación unida a esas palabras. Sin embargo, la desesperación no duró. Tan pronto como llegó el pensamiento, sentí una profunda seguridad brotando en mi interior. Este no era mi futuro. Esta era una mentira directamente del infierno.

Nunca antes me había encontrado con algo como este pensamiento. Yo estaba furioso. La rabia me llenó y me torné hacia la adoración audaz y radical. Me paseé por el piso de la sala cantando en voz alta en el Espíritu. El diablo había cruzado una línea.

Mi adoración se volvió más salvaje y más apasionada, directamente desde mi corazón. En medio de esa canción, llegó una nueva voz, y era más fuerte que la voz mentirosa. Llevaba la paz que conocía y, aunque no era audible, sabía que Dios me estaba hablando. Fue un momento soberano. "Salmo 116: 3-9", dijo Él.

Alcancé mi Biblia sobre la mesa de café y busqué por todas las páginas. Encontré el salmo y lo leí en voz alta:

"Los lazos de la muerte me rodearon,
y los terrores del Seol vinieron sobre mí;
Angustia y tristeza encontré.
Invoqué entonces el nombre del Señor, diciendo:
Te ruego, oh Señor: salva mi vida.
Clemente y justo es el Señor;
sí, compasivo es nuestro Dios.
El Señor guarda a los sencillos;

Estaba yo postrado y me salvó.
Vuelve, alma mía, a tu reposo,
porque el Señor te ha colmado de bienes.
Pues tú has rescatado mi alma de la muerte,
mis ojos de lágrimas, mis pies de tropezar.
Andaré delante del Señor
en la tierra de los vivientes".

Mientras leía esas palabras, no había forma de negar que Dios me había hablado directamente a mí, a mi situación. Noté cómo cada verso hablaba directamente de lo que estaba sintiendo.

Cuando escuché esa voz demoniaca por primera vez, me abrumó la sensación de desesperanza y los dolores de muerte. Pero el salmista había invocado a Dios en el versículo cuatro, igual que yo, y Dios le había mostrado misericordia tal como lo había hecho conmigo. Dios me había traído paz y liberación, tal como lo hizo con el escritor de ese salmo. Pero esta fue la mejor parte: a través del salmo, Dios prometió que me mantendría a salvo. Me dio una promesa sobre mi destino. No se me prometió la muerte. Caminaría con Dios en la tierra de los vivos.

El poder de Dios cayó sobre mí, y superó la desesperanza que me había estado aplastando momentos antes. En un instante, la voz burlona fue silenciada y el pánico se desvaneció. Se había ido. Leí el salmo otra vez, y supe que Dios me estaba hablando. Necesitaba estos versículos, palabra por palabra, y llegaron como un cuchillo, cortando a través todo. Y cuando me asenté en la paz de Su Palabra, me quedé dormido.

Me desperté tarde a la mañana siguiente y me dirigí a la cocina. Mi papá estaba ahí, desayunando. Preguntó cómo había pasado la noche, esperando oír que había sido una buena noche. Le dije lo loca que había sido la noche: había un demonio sentado justo a mi lado y él me había dicho que iba a ser gay.

Mi papá me preguntó por qué no había ido a buscarlo. Le dije que hice exactamente lo que me había enseñado a hacer. Me había enojado tanto y comencé a adorar, y luego escuché una voz más fuerte que decía Salmo 116. Yo sabía que era Dios. "Tan pronto como comencé a leer, el miedo desapareció en un segundo. ¡Fue increíble!" Le dije.

"Este es un momento que nunca olvidarás", dijo. "Aférrate a él".

Ese fue un momento de anclaje, llenándome de confianza. Es más, me llenó de una promesa, una palabra tangible de Dios que podía leer una y otra vez. Podría declararla como una promesa sobre mi vida cuando viniera el temor. Ningún hombre o demonio podría quitarme ese momento o la verdad de ello. Antes de esa noche, yo había usado versículos en los que mi papá había encontrado verdad y libertad personal, y eso funcionaba. Pero esa noche, el Salmo 116 se hizo mío. Luché y gané mi propia batalla personal. Este pasaje no era una espada que mi papá me había entregado. Era una espada que el Señor me dio y que yo personalmente tomé. Yo sabía el poder que cargaba esa palabra.

Recibí mi propia experiencia con Dios, y una persona con una experiencia nunca está a merced de ningún argumento, incluso si el argumento proviene del diablo mismo. Durante los meses y años que siguieron, profundicé sobre esta experiencia. Con alabanza y adoración el miedo siempre fue quebrantado. Pero cuando entré a la preparatoria, empezaron a surgir las distracciones normales de los adolescentes y comenzó a ocurrir un cambio sutil.

SEIS

LA APPLAUSE DE DOCE CUERDAS

* * *

En mi primer año de preparatoria, las cosas habían cambiado. Todavía iba a la iglesia y asistía a los eventos de nuestra iglesia, pero ahora otras cosas me mantenían ocupado. Consumido por los deportes, me entregué al baloncesto en el invierno y al béisbol en el verano. Quería ser el mejor y me obsesioné haciendo ejercicio todas las tardes. Formé parte de los equipos de preparatoria tan pronto como pude hacer las pruebas y comencé a viajar por todo el norte de California debido a los partidos y torneos. Cuando no estaba viajando por mis propios eventos, iba a los partidos de béisbol de Eric y a las competencias de lucha. Pasábamos de una temporada deportiva a la siguiente y eso se convirtió en una distracción para mí.

Cuando no estaba en el gimnasio o haciendo deporte, encontraba otras cosas para distraerme. Salía con amigos o pasaba el tiempo con mi novia. Me alejé más de la realidad de todo lo que Dios había hecho en mi vida. Conforme lo hacía, mi relación con Dios se volvió un poco superficial. Y ya que todo en la vida del creyente depende de su relación personal con Dios, me entorpecí. Y en ese entorpecimiento, sigilosamente comencé a hacer concesiones en mi vida.

Algunos amigos descubrieron una cinta de video con pornografía y la vimos una noche en una pijamada. Fue mi primera experiencia real con la pornografía, y a partir de ese momento, algo se despertó dentro de mí, una necesidad. La atracción hacia la pornografía creció. Estos eran los días antes de que los teléfonos inteligentes y el Internet dieran fácil acceso a las personas. Mi apetito por la pornografía se hizo cada vez más intenso, y parecía crecer incluso a pesar de que intentaba luchar contra él. La tentación, acompañada de mi fracaso, se convirtieron en desánimo.

La distracción de los deportes y mi lucha contra la pornografía trajeron la misma culpa que sentí hace tantos años cuando era joven, pero esta vez no dejé que esa culpa me guiara hacia el arrepentimiento. Compartimentaría la culpa que sentía. Mi corazón no se endureció hacia Dios, pero la vergüenza provocó desánimo debido a que esto era una lucha. Mi Biblia se convirtió más en un accesorio de cabecera que en un lugar para encontrar vida y ánimo. Había perdido mi enfoque y lo mostraba en la forma en que estaba viviendo mi vida.

En esta temporada de distracción, el pánico había desaparecido. No experimenté el miedo creciente que tantas veces había sido un compañero constante. Normalmente dormía toda la noche. Fue una temporada de relativa calma, y mirando hacia atrás, sé por qué. No estaba avanzando en mi relación con Dios y me volví perezoso en mi búsqueda.

Hay ocasiones en que comenzamos a avanzar por el camino equivocado, pero incluso en ese momento, Dios encuentra una manera de voltear las cosas. Recuerdo el día en que Él intervino, aunque no sabía que ese era un momento que cambiaría el curso de mi vida. Eric trajo a casa una vieja guitarra Applause de doce cuerdas y quitó las cuerdas altas y la convirtió en una de seis cuerdas. Durante días, tocó los acordes que conocía, y pensé que sería genial aprender un par de acordes para poder tocar algunas canciones con mi pastor de jóvenes. Eric me enseñó solo un par de acordes. Una tarde, mientras Eric estaba fuera, me acerqué a esa vieja Applause a un lado de su cama, la recogí y toqué un acorde.

En ese momento la guitarra se volvió mía y Eric nunca la recuperó.

Me obsesioné con tocar esa guitarra. Agarré un viejo libro de acordes y empecé a enseñarme a mí mismo. Cuando no estaba en la escuela o en las prácticas, estaba aprendiendo guitarra. No pude dejarlo, y mientras tocaba, me di cuenta que la música venía a mi naturalmente. Además, recordé lo poderosa que era la adoración en mi vida. Comencé a sentir esa familiar atracción hacia Dios nuevamente, así que toqué más y más música de adoración. Empecé a escribir un poco y, al hacerlo, mi obsesión por los deportes desapareció. Tenía mi mirada puesta en algo nuevo.

El verano después de mi tercer año de preparatoria, fui con mi grupo de jóvenes al campamento de Springs of Living Waters (Fuentes de Agua Viva) en Chico, California. No fui con ninguna expectativa, pero mis expectativas no eran necesarias para que Dios hiciera algo significativo.

Durante una sesión nocturna, Dios comenzó a moverse. Lo sentía cercano a través de la adoración, y luego me habló directamente a través del mensaje. El predicador habló de estar consagrado a Dios, entregándose completamente a Él. Mientras escuchaba, sabía que mi vida tenía que cambiar. No había estado completamente entregado a Dios y sentí el peso de la convicción en mi corazón.

Al final del mensaje, el orador nos invitó al frente a rededicar nuestras vidas y supe que tenía que pasar al frente. Dios me estaba llamando a algo más, así que no dudé. Caminé directamente hacia el altar, y me arrodillé al frente. Fue entonces cuando todo se derrumbó, y en ese momento, me di cuenta de que estaba en medio de una batalla, porque la ansiedad y el pánico que no había sentido en mucho tiempo vinieron a mí apresuradamente. Mi corazón latía con fuerza, y el miedo de perder el control era tan fuerte como siempre lo había sido. Para mí estaba claro: este temor estaba directamente relacionado con el compromiso que estaba a punto de asumir. Algo intentaba alejarme de Dios, pero no me rendiría. Dije la oración y lo entregué todo a medida que el miedo se hacía más fuerte.

El líder de mi pequeño grupo, Andy Szolosi, estaba parado a mi izquierda, y me volví hacia él y le dije que necesitaba que orara por mí. Jalé a algunos de mis amigos alrededor de mí. Yo sabía lo que tenía que hacer: Tenía que hacerme cargo en ese momento. Tenía una historia de luchar contra esto y sabía que la adoración traería un gran rompimiento. Mis amigos empezaron a cantar conmigo. Mientras adorábamos, las lágrimas brotaban de mis ojos. Los recuerdos de la fidelidad de Dios me llenaron, y sabía que Él sería fiel otra vez.

Ahí, rodeado por un pequeño grupo de amigos, adorábamos. El terror seguía presionando, pero era como si nuestra adoración fuera un escudo contra él y por eso adorábamos aún más, cantábamos aún más fuerte. No teníamos vergüenza y no me importaba lo que pensaran los demás. El poder de la adoración estaba trabajando a medida en que el cielo se acercaba. Todo se desaceleró cuando el peso de Su Presencia cayó sobre nosotros, y mi miedo y terror desaparecieron. Me impactó, esta era la primera vez que dirigía un grupo en adoración.

Salí del campamento ese año con una nueva visión. No podía controlar el tamaño de mi vida, pero podía controlar el tamaño de mi adoración. Era como si una línea hubiera sido dibujada en la arena y la hubiera cruzado. Cuando regresamos a Weaverville, estaba decidido a vivir en completa rendición a Dios. Sabía que ya no podía ser perezoso o apático. Los días de la vida casual habían terminado, y era hora de entrar en una temporada de búsqueda intensa.

De vuelta en Weaverville, me dediqué por completo a Dios y, al hacerlo, el Espíritu Santo me enseñó algunas verdades que antes solo eran pensamientos agradables: "Ya que estamos recibiendo los derechos a un reino inquebrantable, deberíamos estar extremadamente agradecidos y ofrecerle a Dios la adoración más pura que deleita su corazón a medida en que entregamos nuestras vidas en absoluta rendición, llenos de asombro. ¡Porque nuestro Dios es un fuego santo y devorador!" (Hebreos 12: 28-29). Conforme eso se convertía en una realidad en mi vida, descubrí que Dios estaba consumiendo cada ídolo. Las cosas eran diferentes, y la adoración se convirtió en mi vida. Escribir música consumió el resto de mi verano. Escribí muchas canciones, pero ninguna de ellas parecía pegar. Luego escribí "You're the Miracle of My Life". Fue mi primera canción real, y cuando la terminé, decidí compartirla con mi pastor de jóvenes. No estaba seguro de lo que iba a pensar.

Al día siguiente, fui directamente a la oficina de mi pastor de jóvenes, Mike Morris. Le conté lo de la canción y él me pidió que la tocara.

"Brian, esa es una buena canción", dijo. "¿La tocarías en el grupo de jóvenes esta semana?"

Nunca me habían pedido que dirigiera la adoración. Solo había tocado como apoyo de Mike, y nunca había dirigido la adoración frente a un grupo, pero sin siquiera pensarlo, dije que sí lo haría.

Ese miércoles por la noche, Mike abrió con adoración, y yo estaba detrás de él, tocando la guitarra. Me concentré lo mejor que pude en los acordes y luché contra los nervios. Estaría tocando mi canción después, y para cuando tocó el último acorde de la canción que estaba guiando, yo estaba sudando la gota gorda.

Finalmente fue mi turno. Me acerqué al micrófono, toqué el acorde A y canté la primera línea: "Tú eres el milagro de mi vida y me has hecho libre". Mientras tocaba, toda esa energía nerviosa se fue mientras la multitud cantaba. En ese momento supe que estaba hecho para esto. Nunca me había sentido más en casa.

Me bajé del escenario y Linda Lee, una amiga de la familia, me recibió ahí.

"Siento que hay una unción en tu vida para la adoración y Dios te ha dado una autoridad para esto", dijo.

Ella solo me había escuchado tocar una canción. ¿Cómo pudo ella tener alguna idea sobre mi futuro? Pero sabía que ella tenía razón y me aferré a esa palabra profética. Fue una promesa. Era la primera vez que alguien había hablado una palabra sobre mi vida acerca de la adoración.

Me entregué a esa palabra, y después de ese servicio, hice todo lo posible para crecer como líder de adoración. Practicaba las 24 horas del día y dirigía la adoración en cualquier momento y en cualquier lugar que pudiera. Comencé a dirigir la adoración cada semana en un grupo de rehabilitación de drogas y dirigía la adoración con mayor regularidad en el grupo de jóvenes. Seguí escribiendo canciones, la mayoría de las canciones salían de mi propia experiencia. A veces sacaba canciones directamente de la Biblia y las escribía en tarjetas para poder memorizarlas. Al final del verano, todo lo que quería era dirigir la adoración y escribir canciones por el resto de mi vida.

No lo veía en ese momento, pero Dios había usado todos esos años de mi infancia para prepararme para dirigir y escribir música de adoración. Sabía que debía escribir canciones que conectaran a las personas con el corazón de Dios a través de una devoción pura y simple, porque ese tipo de adoración trae poder y autoridad.

A través de mis experiencias, me di cuenta de que cuando alguien es sanado instantáneamente, a menudo eso habla de su identidad como hijo o hija de Dios. Pero cuando la sanidad o la libertad es progresiva y se lleva a cabo con el paso del tiempo, a menudo es porque esa persona está siendo entrenada para la guerra, y cuando estás entrenado para la guerra, obtienes autoridad y poder en esa área. En esos primeros años de pánico, estaba aprendiendo de primera mano cómo la alabanza y la adoración cargan un gran rompimiento y traen libertad. Esta comprensión sería mi piedra angular mientras continuaba escribiendo música.

El verano terminó, y entré en mi último año de preparatoria. El año anterior, había estado obsesionado con los deportes y el ejercicio. Eran mis ídolos, y así, como parte de mi rendición, los dejé. Cambié mi apariencia prepatoriana de Zack Morris por algo diferente, dejé de rasurarme para que me saliera barba y dejé que mi cabello creciera. Compré unos pantalones de mezclilla viejos y camisas teñidas en una tienda de segunda mano, cambiando todo mi estilo y apariencia. Y todos los días después de la escuela, en lugar de ir al gimnasio, me iba a casa, me sentaba en mi habitación y tocaba la guitarra por horas. Nunca hice nada a medias; estaba entregado completamente a ello.

Mis elecciones no fueron bien recibidas por todos. En la clase de inglés, una chica sentada a mi lado se inclinó y me preguntó qué me había pasado. "Solías ser tan guapo", dijo ella. "Ahora, eres tan feo". Y aunque ese tipo de comentario me hubiera dejado dando vueltas meses antes, en esta nueva temporada de mi vida, ni siquiera me importó. Le había dedicado mi vida a Dios y no me importaba lo que pensaran los demás.

Durante mi último año de preparatoria, todavía volvía a casa después de la escuela todos los días y me sentaba con mi mamá para hablar sobre mi día. Después de unas semanas de ver los cambios en mi vida, me preguntó sobre el nuevo aspecto y sobre renunciar a los deportes. ¿Por qué había dejado a mis viejos amigos?

"Esto es lo que se supone que debo hacer. Necesitaba hacer cambios drásticos para seguir lo que Dios tiene para mí", dije. "No te preocupes, mamá".

"Dios tiene un plan con esto", dijo ella. "Desde que eras pequeño, he sabido que Dios te ha llamado para algo especial".

Años después de esto, descubrí que cuando volví del campamento, mis padres estaban nerviosos por mi cambio drástico. No estaban seguros de que dejar de practicar deportes y mi nueva apariencia hippie fueran las mejores elecciones. Tampoco vieron la necesidad de que yo dejara el gimnasio, sin embargo, yo sabía que tenía que hacerlo. Pero aunque cuestionaron mis decisiones, no intentaron detenerme. Seguí liderando la adoración y encontré mi propio carril. Comencé a aprender quién era en Dios sin todo lo que solía definirme. Mis padres me dieron espacio, hablaban conmigo a menudo y siguieron orando por mí. Muy pronto sus preocupaciones desaparecieron conforme empezaron a ver el fruto de mi vida.

Durante el invierno de mi último año, la Iglesia Bethel en Redding, la iglesia donde mi abuelo había pastoreado durante tantos años, llamó a mi papá. Necesitaban un nuevo pastor principal y se preguntaban si él estaría dispuesto a ir. No estaba seguro al principio. Él estaba feliz en Mountain Chapel, y estábamos experimentando un mover de Dios. Entonces, sin orar al respecto, les dio una respuesta. Él no dejaría Weaverville.

Solo unos pocos días después escuchó al Señor: "No me preguntaste". Mi papá sabía que era verdad. Así que mi padre llamó a la Iglesia Bethel y les dijo que se entrevistaría para el puesto.

En aquellos días, el avivamiento estaba en pleno apogeo en lugares como Brownsville y Toronto, y mis padres habían pasado tiempo en ambos. Habían experimentado la presencia de Dios y los milagros de esos avivamientos de primera mano. Durante la entrevista, mi papá le hizo saber a la gente de Bethel que quería ver que el avivamiento viniera a Redding. Si él se convertía en su pastor, no cambiaría el tema. Después de la entrevista, le pidieron que predicara, y él predicó sobre el diezmo, un tema que probablemente no era demasiado popular. Aún así, a la semana siguiente le ofrecieron el puesto. Acordó tomar el trabajo y, en enero de 1996, mi familia se despidió de Mountain Chapel.

Llegamos a Redding, y el avivamiento estalló casi de inmediato. Cosas empezaron a pasar. La gente se sanaba y era liberada, pero eso vino con un costo. En esos primeros meses, más de mil personas abandonaron la iglesia, incómodas con lo que estaba sucediendo. Una persona incluso dijo: "Sé que esto es Dios, pero simplemente no es para mí". Aun así, mis papás nunca cambiaron el tema.

Era un momento emocionante en Bethel, y yo estaba empezando a amar Redding. Era una ciudad más grande, con más oportunidades para dirigir la adoración y, con la mudanza, la escuela no ocupaba gran parte de mi día. Terminé la preparatoria a través de un estudio independiente durante el semestre de primavera, teniendo más tiempo para practicar mi música y esa práctica comenzó a dar fruto. Scott Anderson, el pastor de jóvenes, me invitó a unirme al personal como pasante de jóvenes, y me preguntó si me haría cargo como líder de adoración para los jóvenes. Acepté sin dudar. Fue emocionante poder construir algo desde cero.

Sin embargo, cada trabajo tiene sus desafíos, y ser un pasante juvenil en la década de los 1990's no fue la excepción. Todo lo que quería era dirigir la adoración, pero como era el caso con la mayoría de los grupos de jóvenes en aquellos días, nuestro ministerio juvenil no solo tenía adoración y un mensaje. También hacíamos parodias y jugamos juegos, cosas que yo pensaba que no tenían sentido. Podía soportar los juegos, pero no quería absolutamente nada que ver con las parodias y ciertamente no intenté ocultar mis opiniones. Le dije a Scott y al resto del personal que no tenía ningún interés de participar en parodias y juegos. Hice lo que pude para evitar todo lo que no fuera dirigir la adoración. Definitivamente presioné algunos botones y harté a algunas personas. No manejé bien esas conversaciones, y ese fue el comienzo de algunos de los problemas de comunicación que me seguirían.

Cuando me hice cargo del equipo de adoración de jóvenes, quería que todo lo que hiciéramos fuera excelente. No quería que la adoración fuera algo que simplemente palomeáramos en la lista. Quería excelentes canciones y un sonido de alta calidad. Sabía que, combinado con un corazón para Dios, conectaría a las personas con Él.

Comencé a buscar músicos que quisieran buscar esto junto conmigo. Tendrían que entender que no solo estábamos cantando canciones para llenar el tiempo antes de un mensaje. Necesitaban ser excelentes en sus instrumentos. También necesitarían poder improvisar, porque estábamos creando un espacio para que Dios se moviera.

Estábamos haciendo algo nuevo, y al principio, algunos de los músicos no entendían por qué eso importaba. Durante un ensayo, confronté a un músico que no estaba tocando las notas correctas. Me dijo que no podía concentrarse en las notas y en la adoración al mismo tiempo. Le dije que si no podía tocar los acordes correctos, podía adorar con la multitud. Si iba a subir al escenario ayudando a dirigir la adoración, necesitaba dedicarle tiempo y aprender las canciones. Teníamos una responsabilidad y no podíamos distraernos. Él no lo tomó bien. La situación era algo que debía abordarse, pero definitivamente pude haberlo dicho mejor. La banda siguió mejorando, y a medida que nuestro equipo de adoración de jóvenes se unía, Dios hacía exactamente lo que yo imaginaba.

La experiencia de adoración en el grupo de jóvenes estaba ganando impulso y queríamos llevarla a la comunidad. Entonces, un año en mi internado, decidimos comenzar un ministerio en las calles del centro de Redding. Adoraríamos y evangelizaríamos, pero todo estaría centrado alrededor de la Presencia de Dios. Según lo planeado, decidimos que habría noches en las que solo adoraríamos, y otras noches nos enfocaríamos en alcanzar a las personas.

Todos los jueves por la noche, Redding organizaba una pequeña feria con comida y música en vivo. Nuestra banda se reunía en una esquina vacía y la gente que pasaba se detenía y escuchaba. Después, a menudo surgían conversaciones. Ellos podían sentir algo diferente. Lo que no sabían era que estaban experimentando el poder de Dios a través de la adoración. La música parecía hacer que se abrieran y muchos de ellos llegaron a conocer a Jesús.

Una noche, un hombre caminó en medio de nuestra banda, buscó en su bolsillo y sacó una bolsa de drogas. Las tiró a la basura detrás de nosotros y comenzó a llorar mientras experimentaba a Dios. Nadie le había hablado siquiera; fue la atmósfera de la adoración lo que causó que él se sintiera obligado a deshacerse de sus drogas. Sin embargo, esta no era una historia aislada. Noche tras noche, las personas entregaban sus vidas a Jesús.

Llegó otra noche de jueves y un grupo de nosotros nos reunimos para adorar. Las luces de la calle brillaban desde ambos lados de la calle. Mientras yo tocaba la guitarra y estábamos adorando, miré hacia la izquierda y vi a un grupo de mujeres que se acercaban desde un lado de la calle. Eran mujeres de aspecto normal, pero en el momento en que las vi, sentí una oscuridad, una pesadez. Le dije al equipo que realmente necesitábamos ir tras Él.

Las mujeres nos rodearon y sentí una pesadez extrema a nuestro alrededor. Era una presencia que no era Dios. Sentí que estábamos en medio de un enfrentamiento, pero sabía que íbamos a ganar. Estábamos luchando contra una oscuridad espiritual y empezamos a cantar más fuerte.

Después de unos minutos, comencé a caminar hacia las mujeres, pero seguí adorando y, al hacerlo, la atmósfera comenzó a cambiar; todos podíamos sentirlo. En ese momento, las mujeres se dieron la vuelta y se fueron. Alguien más tarde nos dijo que eran wiccanos. Dios había aparecido en esta batalla entre la luz y la oscuridad, y no había competencia.

Mi teología de la adoración se formó a través de experiencias de la vida real que fueron probadas. Los ataques de mi juventud eran problemas de la vida real que exigían respuestas de la vida real. No necesitaba conocimiento vacío y sin poder. Necesitaba experimentar la verdad que crecía al adorar a Dios, incluso en el dolor, incluso en la oscuridad.

Jesús llevó una vida de adoración tan conectada con el Padre que los demonios huyeron de Su misma Presencia. Su vida de adoración trajo sanidad y liberación. Soportó a través del dolor más profundo de la humanidad y lo llevó al poder de la resurrección después de la muerte. Era este tipo de adoración lo que liberaba a la gente, y cuando comencé a perseguir este tipo de vida, no solo experimenté su poder sanador y salvador, sino que también pude llevarlo a otros.

Pero a pesar de que había experimentado la Presencia de Dios a través de la adoración, quince años después, era yo quien caminaba hacia la parte trasera de una ambulancia. Era yo quien necesitaba libertad.

Escuchaba el constante silbido del oxígeno que fluía del tanque cuando los técnicos de emergencias médicas me dijeron que cuidara mi cabeza mientras subía. Le dijeron a Jenn que no podía viajar con nosotros y nos siguió al hospital. A pesar de que los sedantes estaban funcionando, todavía existía una sensación abrumadora de que algo estaba realmente mal. ¿Qué me estaba pasando?

SIETE

JENN ROCK

* * *

En una tarde de viernes en enero de 2004, mi familia vio a mi abuelo sufrir una de las muertes más horribles y violentas de cáncer de páncreas. En los años previos a su fallecimiento, nuestra familia y nuestra iglesia habían estado orando por su sanidad. Habíamos estado orando para que nuestra ciudad fuera una zona libre de cáncer. Entonces, parecía cruel ver a mi abuelo sufrir y perder su batalla contra la misma cosa por la que habíamos estado orando.

Nadie tomó la pérdida más duro que mi papá. Mi abuelo fue quien más apoyó a mi papá y el dolor era inimaginable. Y a pesar de que mi papá había predicado sus valores fundamentales a lo largo de los años, entre los cuales se destacaba que Dios es bueno todo el tiempo y que la enfermedad es del demonio, en medio de una pérdida tan devastadora, podría haber sido fácil para él cuestionar la bondad de Dios. Le hubiera sido fácil amargarse y ofenderse. Pero no lo hizo.

Justo dos días después de la muerte de mi abuelo, observé mientras mi papá hablaba en Bethel y daba el mensaje más valiente que jamás había escuchado, un mensaje sobre su inquebrantable creencia en la bondad de Dios. En medio de lágrimas, habló sobre los últimos días que pasamos junto a la cama de mi abuelo. Él compartió cómo nos paramos alrededor de mi abuelo y le dijo cuánto lo amábamos. Teníamos gente que estaba con él durante todo el día, y más de veinte de nosotros adoramos durante horas al final.

Ver el sufrimiento más horrible que jamás hayas visto y elevarte por encima de él y aún así alabar a Dios fue costoso, pero fue un honor dar ese regalo de adoración.

"Cualquiera puede estar agradecido cuando las cosas van bien, pero dar un regalo de agradecimiento y alabanza en medio de una crisis es una verdadera prueba", dijo mi papá.

Mi papá compartió cómo tanto él como mi abuelo creían que estábamos viviendo en un momento de gran reforma, un tiempo que alteraría el curso de la historia. Creían que Dios derramaría su Espíritu, que traería sanidad a su pueblo. Mi abuelo pasó su vida siguiendo esa creencia, trabajando para llevar a cabo esa reforma, a pesar de que finalmente murió a manos del cáncer. Mi papá compartió cómo la cruel, injusta y dolorosa muerte de mi abuelo a manos del cáncer no lo detendría. Estaría de luto y lloraría la pérdida de su padre. Él reconocería el dolor. Pero él nunca permitiría que ese dolor lo descarrilara de perseguir el avivamiento y la sanidad.

A menudo, en medio de grandes pérdidas, las personas reducen su teología para que coincida con su experiencia. Mi papá no permitiría que el dolor lo llevara a conclusiones erróneas sobre la naturaleza de Dios. En vez de eso, se había vuelto aún más firme en su creencia, y decidió elegir la fe. Nos pidió a todos que también tomáramos esa decisión. No había otra opción; teníamos que creer aún más en la bondad de Dios. Habíamos sufrido una pérdida, pero ahora íbamos a duplicar nuestros esfuerzos como iglesia para perseguir la sanidad del cáncer.

Mi papá terminó su mensaje con estas palabras: "En el cielo no habrá dolor, confusión o pérdida. Entonces, abrazo mi momento de dolor ahora y le alabo en medio de todo esto. Esa es una ofrenda que nunca tendré la oportunidad de darle a Él en el cielo".

Recordé las palabras de cierre del mensaje de mi papá cuando monté en la ambulancia. Sabía que este momento de dolor era una oportunidad para darle a Dios una ofrenda de adoración. Bajo el peso del miedo y el pánico, quería tener el mismo coraje que había visto en mi papá ese domingo hace tantos años atrás. Pero elegir adorar bajo estas circunstancias no era fácil. Aunque el sedante que me había dado el técnico de emergencias médicas en la casa parecía estar funcionando, el pánico seguía ahí, presionando mi pecho.

Era un espacio tan limitado en esa ambulancia, que no ayudaba a mi ansiedad, y no importaba cuánto lo intentara, no pude dar un respiro profundo en esos veinte minutos de viaje. Hice lo mejor que pude por elegir la fe, incluso en medio de todo ese miedo. Canté en voz baja. Pero más que pedirle a Dios algo en ese momento, sabía que tenía que darle algo a Él. Esto no podría ser un intercambio donde lo adorara para que Él me diera paz. Necesitaba dar una ofrenda sin esperar nada a cambio. Tenía que dar lo que tenía en ese momento, lo cual no era mucho.

No podía controlarme, pero tampoco podía sacudirme la verdad de la bondad de Dios. Él vendría. Él siempre ha venido. Simplemente no sabía cuándo. Me aferré a la verdad de que Dios no estaba causando esta crisis. Él era el único que podía sacarme, y es por eso que jalé a Haley, Téa y Braden en la casa y les dije: "Aquí es cuando Dios se vuelve real".

La ambulancia avanzaba por la carretera mientras trabajaba el técnico de emergencias médicas. Miré a mi alrededor, veía todo como si fuera a través de un lente de ángulo amplio. Un clip estaba agarrado a mi dedo para monitorear mi pulso. Un cable corría desde él hasta una máquina de pitidos. Tenía una máscara sobre mi nariz y boca con oxígeno que fluía a través de ella y una intravenosa inyectaba algo en mis venas.

Las drogas finalmente surtieron efecto porque mi ritmo cardíaco se sentía como si se estuviera desacelerando aún más. No estaba saltando de mi pecho. Presioné la máscara para asegurarme de que el sello estuviera apretado y respiré tan profundo como pude. No fue un respiro completo, pero fue la mejor respiración que había tenido en horas. Si un poco de sedante era bueno, si podía desacelerar las cosas y ayudarme a respirar, entonces un poco más sería mejor. Le pregunté al técnico de emergencias médicas qué me había dado en la casa. Me dijo el nombre de la droga y luego me preguntó si estaba funcionando. Asentí y le pregunté: "¿Me podrías dar más?"

No me contestó, pero tomó una jeringa y me inyectó otra dosis en la intravenosa. Si la primera inyección de ese sedante me ayudó a controlarme, esta dosis me provocó un adormecimiento y cerré los ojos cuando las duras luces de la ambulancia parecían atenuarse. La presión en mi pecho cesó y todo pareció apagarse. Las conversaciones de horas anteriores volvieron a mi mente, como cuando los técnicos de emergencias médicas le dijeron a Jenn que esto no era un ataque cardiaco, al menos, no por lo que ellos podían ver. Parecía más un ataque de pánico, dijeron.

La ambulancia se detuvo y las puertas se abrieron. Una enfermera esperaba con una silla de ruedas y los técnicos de emergencias médicas me ayudaron mientras le daban el resumen a la enfermera. "Creemos que es un ataque de pánico", dijo uno de ellos. Lo escuché todo, a pesar de que estaba extrañamente ensordecido. La enfermera asintió antes de llevarme hacia la sala de espera y dentro de una pequeña habitación con cortinas. Ella me ayudó desde la silla hacia la cama.

Había una borrosidad del movimiento afuera de mis muros de cortinas, pero estaba adormecido ante toda la actividad a mi alrededor. Los médicos hablaban con pacientes, las enfermeras murmuraban y las máquinas sonaban. Las luces eran aún más brillantes ahí de lo que habían sido en la ambulancia, si eso era posible. La piel de mi antebrazo me picaba debajo de la cinta de mi intravenosa. Hace menos de una hora, esta gran cantidad de información sensorial habría sido más de lo que podía manejar, pero ahora, todo estaba extrañamente silenciado.

Parecía haber pasado una eternidad antes de que Jenn atravesara la cortina, y cuando la vi, estallé en lágrimas. Fue un lento y profundo sollozo, y por el amor del cielo, no pude evitarlo. ¿Llorando? Este no era yo. No es que nunca llorara, pero nunca había experimentado este arranque de emoción incontrolable. Yo era un artista, seguro, pero no era del tipo que vivía desde sus sentimientos. Sin embargo, ahí estaba yo, desmoronándome.

Pasó una hora. Luego otra. Jenn y yo nos sentamos detrás de la cortina solos y nos tomamos de las manos. La realidad de lo que había ocurrido se asentó. Me había perdido completamente, y aunque sabía que Dios aparecería y me daría la victoria de alguna manera, me preguntaba: *¿Alguna vez volvería a ser el mismo?*

Un médico entró, se presentó y me hizo algunas preguntas. Respondí las preguntas lo mejor que pude. "El miedo llegó de la nada", le dije. "No importaba cuánto lo intentara, no me lo podía quitar. Abrumador no es la palabra correcta", dije. "Fue atormentador".

Repitió la pregunta del técnico de emergencias médicas. ¿Había yo estado bajo mucho estrés?

¿Había yo estado bajo una cantidad inusual de estrés? "Mmm... Sí", dijo Jenn. "Eso es un eufemismo. Una loca cantidad de estrés y presión. Por mucho tiempo. Se ha estado acumulando durante años, y este verano se convirtió una bola de nieve".

El médico asintió y dijo: "Tu cuerpo podría estar mostrándote tus límites". Solo puedes llenar a tu cuerpo con cierta cantidad de estrés y tensión. Llega un momento en que el cerebro no puede manejarlo más y todo se apaga".

El estrés se había ido acumulando durante años. Pude haberle contado acerca de nuestra interminable remodelación de la casa, una remodelación que estuvo significativamente fuera de presupuesto y muy atrasada, ya un proyecto de cuatro años. Pude haberle contado acerca de la mala administración de mi asesor financiero, de cómo las implicaciones fueron abrumadoras. Pude haberle contado los problemas que surgieron con arrancar y hacer crecer Bethel Music. Pude haberle contado sobre las luchas por ser parte de una iglesia que se había convertido en un movimiento importante.

Para sumarle a todo esto, no podía apagarlo cuando llegaba a casa. Repasé en mi mente todas las fuentes de estrés en una espiral interminable y eso estaba afectando mi relación con mi esposa e hijos. Y por más difícil que fuera para los niños, era aún más difícil para Jenn. Estábamos hablando constantemente sobre alguna fuente de estrés en nuestra vida. La combinación de equilibrar una familia, un negocio, giras, un ministerio y la iglesia era demasiada. Incluso pensar en ello me agotaba. Y aunque pude haberle compartido al médico estas cosas, no lo hice. En vez de eso, simplemente me quedé ahí, callado.

Su pregunta expuso una verdad oculta que estaba a simple vista. Había estado tan ocupado que no me había detenido a considerar el peso combinado del estrés, la presión y el conflicto. E incluso si lo hubiera hecho, no había nada que pudiera simplemente abandonar. Incluso con las dificultades, amaba ser parte de aquello que estábamos construyendo. Podríamos haber hecho menos, pero sentimos que estábamos haciendo lo que Dios nos había llamado a hacer.

Pero las cosas en las que estábamos involucrados no eran el problema. A lo largo de los años, había tomado la emoción negativa, cada frustración y herida, y la hacía a un lado pensando que si la ignoraba, desaparecería. Pero no pasó así. Todas esas emociones con las que no había lidiado finalmente se me vinieron encima.

El médico interrumpió mis pensamientos y me preguntó si había experimentado este tipo de pánico antes. Jenn le dijo que había experimentado algo similar cuando era niño, pero nunca había sido así de malo. El doctor escuchaba y asentía. Se volvió hacia mí y me preguntó los detalles. Le conté sobre mi infancia pero le dije que esto se sentía diferente. Cuando era niño, el terror se sentía más espiritual, pero esto era más físico. No sabía si él me entendía, si tenía el marco de referencia para entender la diferencia entre los dos, pero los sedantes habían aflojado mi capacidad de preocuparme, así que hablé libremente.

El médico pensó que había tenido un ataque fuerte de ansiedad, en realidad una crisis nerviosa. La falta de aliento, el palpitar rápido del corazón, la sobrecarga sensorial, estos eran síntomas comunes de estrés y ansiedad, y mi cuerpo estaba tratando de decirme que estaba sobrecargado. "Algo tenía que ceder", dijo, "y al final ese algo fuiste tú". Me dijo que necesitaba quedarme unas horas más para observación, solo para asegurarse de que no hubieran irregularidades, pero podría irme a casa al final de la noche.

Salió por donde entró, por el pasillo de la sala de emergencias. Jenn sostuvo mi mano mientras cerré mis ojos. Estaba tan cansado, completamente desgastado.

"Vas a estar bien", dijo ella. "Vamos a resolver esto juntos. Vamos a superar esto".

Le pregunté a Jenn cómo estaban los niños, y ella dijo que estaban verdaderamente asustados, pero que estaban bien. Ella los había dejado con mi mamá y mi papá, pero después de que mis papás los habían tranquilizado, subieron al auto y fueron al hospital. En el momento apropiado, Haley, Téa, Braden y mis papás cruzaron a través de la cortina. No recuerdo lo que les dije, si es que dije algo. No recuerdo mucho, pero recuerdo que estaban ahí, y de alguna manera eso era suficiente.

Miré a Jenn y recordé cuando había experimentado ese rompimiento final hace tantos años, justo antes de casarnos. Pensábamos que ya se había acabado, pensé que había terminado con el pánico en mi vida. Pero por alguna razón, aquí estaba otra vez, y lo sentía por Jenn. Cuando dices en lo bueno y en lo malo, en la salud y en la enfermedad, lo dices en serio. Y ahora, Jenn había sido arrojada justo en medio de lo peor.

Recuerdo aquellos primeros días dirigiendo la adoración en Bethel, cuán emocionante era. Dios se estaba apareciendo y haciendo cosas increíbles. Subí al escenario para dirigir la adoración para el servicio del domingo por la noche y cuando miré a la multitud, la vi de pie cerca del pasillo central. Llevaba unos shorts de mezclilla y una camiseta roja. La reconocí de inmediato.

Jenn Rock.

Jenn tenía la edad de mi hermana menor. Había vivido en la costa, a pocas horas de Redding, pero ella y Leah se conocían desde hacía años.

Habían sido amigas de campamento desde el sexto grado. Pero Jenn ya no estaba en sexto grado. Ella tenía diecisiete años y se había graduado antes de la preparatoria. Y déjame decirte que había una gran diferencia entre la chica que conocía como amiga de mi hermanita y la chica que estaba en la multitud esa noche.

Cuando la vi, perdí mi enfoque. Ella aventó por la ventana cualquier pensamiento sobre dirigir la adoración. Tenía una cosa en mente: ¿cómo podía impresionarla? Continué, esperando que fuera el mejor set que hubiera liderado y que pareciera extra ungido mientras tocaba. Seguí mirando hacia donde ella estaba, pero nuestros ojos nunca se encontraron. Ella estaba enfocada en la adoración y no parecía notarme para nada.

Hice lo mejor que pude para terminar el set de adoración sin distracciones, pero cuando bajé del escenario, fui directamente a Gabe, el tecladista quien se convertiría en el futuro esposo de mi hermana. En aquellos días, él tenía fama de casamentero, así que le dije que tenía que conectarme con Jenn. Me dijo que haría que eso sucediera.

Hablé con Leah esa noche con la esperanza de obtener más información. Ella dijo que Jenn y su familia acababan de mudarse a Redding desde el condado de Humboldt, California. Vendieron todo para que Jenn y sus padres pudieran asistir a la Escuela de Ministerio Sobrenatural de Bethel. Ahora que Jenn vivía en Redding, ella y Leah pasaban mucho tiempo juntas. Si yo deseaba, Leah podría asegurarse de conectarnos. Sonreí y le dije que no la detendría.

Al día siguiente, entré a la oficina de administración de la iglesia y vi a Gabe en la sala de trabajo. Él estaba hablando con Jenn, así que en lugar de pasarme de largo como lo hubiera hecho cualquier otro día, me desvié para detenerme y hablar. Ella era dulce y amable, pero no mostró ningún interés. Y aunque años más tarde me diría que estaba enamorada de mí desde que tenía doce años, nunca lo hubiera imaginado ese día. Se estaba haciendo la difícil y si quería tener una relación con Jenn, tendría que trabajar por ello.

En esos días, después de cualquier servicio, un grupo de nosotros íbamos a Denny's o Black Bear Diner, los únicos lugares abiertos de noche en Redding después de que nuestra iglesia acabara. Yo era más del tipo introvertido y no me interesaba para nada salir con el grupo después de la iglesia, pero quería estar cerca de Jenn, así que siempre iba y me aseguraba de sentarme cerca de ella. Durante dos meses, ese fue nuestro ritmo. Ella me daba solo lo suficiente para mantenerme en el anzuelo, pero no lo suficiente para saber si ella quería algo más allá de una amistad.

A pesar de que ella parecía estar en cada reunión y servicio en el que yo estaba, a menudo ella salía de una habitación cuando yo entraba. Pero a medida que pasaba el tiempo, comencé a descifrarla. Podía darme cuenta de que yo le gustaba, pero ella iba a hacer que yo trabajara por ello. Nunca me había pasado eso antes y me gustó.

Al final del verano, todavía no estábamos pasando tiempo juntos a solas, pero nuestro grupo se hizo más pequeño. Cuatro de nosotros pasábamos la mayor parte del tiempo juntos: yo, un amigo nuestro, Jenn y un amiga suya. Y aunque yo había tratado de reducir el grupo a dos, Jenn y yo, era casi imposible que esa chica estuviera sola. E incluso si ella hubiera aceptado pasar tiempo conmigo a solas, mi amigo me lo estaba dificultando.

Un jueves por la noche dejamos a las chicas en la casa de Jenn y nos dirigimos a la iglesia para recoger mi auto. Mi amigo se volvió hacia mí, de la nada, y me dijo que yo no le gustaba a Jenn. De hecho, yo le gusto a Jenn, dijo. Fue entonces cuando me "explicó" la situación. "Jenn es el tipo de chica con la que tienes que tomarte tu tiempo", dijo. Él presentó su plan detallado para atraerla. Escuché sin decir una palabra, aunque intentaba no reírme. Cuando terminó, me dejó en mi coche y tomé una decisión. No había manera de que me sentara y observara a este payaso cortejar a Jenn. Era hora de hacerle saber cómo me sentía.

Al día siguiente, me encontraba afuera de la iglesia cuando vi a Jenn salir sola de la capilla de oración. Este era mi momento. La alcancé y le pregunté si podíamos vernos en mi oficina. Ella estuvo de acuerdo, me siguió y nos sentamos. Dije todo lo que no se supone que debes decir. Le dije que me gustaba y que ella tenía todas las cualidades que quería en una esposa. Realmente me abrí y fui por ello. Para mi sorpresa, me dijo que acababa de estar en la capilla de oración pidiéndole a Dios que se llevara sus sentimientos hacia mí o que le dejara claro si se suponía que debíamos casarnos. Nos miramos el uno al otro y nos reímos. "¿Entonces estamos juntos?" Le pregunté. Y así tal cual, estábamos juntos. Puede parecer apresurado, y ciertamente no lo recomendaría a la mayoría, pero estaba en lo correcto. Y hasta el día de hoy, no tenemos ni un sólo remordimiento.

No perdimos nada el tiempo, y en dos días, ambos lo sabíamos. Íbamos a casarnos. Y claro, mirando en retrospectiva, ahora puedo ver lo rápido que fue, pero no se sintió rápido en el momento. Simplemente se sentía bien.

Cuatro días después de salir en citas, fui a hablar con mi papá. Le dije que Jenn era la mujer para mí y que quería casarme con ella. Le pregunté qué pensaba. Mis padres conocían a Jenn desde que era una niña. La amaban. Me miró, sonrió y dijo: "Brian, ella es la elegida. Cásate con esa chica". Tenía su bendición.

Esa noche, lideramos la adoración juntos por primera vez. Fue una locura lo cómodo que se sintió y después del servicio hablamos al respecto. Sabíamos que estábamos hechos para hacer esto juntos. Después del servicio, volvimos a la casa de mis padres. Todos estábamos en la sala cuando una amiga cercana de la familia se presentó en la casa. Ella había llamado a mi mamá esa misma semana y me preguntó si estaba saliendo con alguien. Mi mamá se rió y dijo: "¿Por qué? ¡Sí, sí está saliendo con alguien!" Supongo que eso confirmaba algo, porque ahí estaba ella en la puerta, preguntándole a mi papá si podía hablar con Jenn y conmigo.

Ella tenía una palabra y una visión para nosotros, y preguntó si podía venir a compartirla y orar por nosotros. Mis padres grabaron la oración en una cinta de cassette. Ella profetizó que teníamos una unción para la adoración. Escribiríamos canciones para la iglesia y comenzaríamos un movimiento mundial de adoración. Ella dijo que vio a Dios poniéndonos juntos como un torbellino, pero sabríamos que era Él por la gran paz que tendríamos. Después de que ella nos dio la palabra, ella oró por nosotros. La Presencia de Dios fue sentida por todos en esa habitación. Esa fue la primera palabra que recibimos como pareja, y Dios se apareció como afirmando todo esto. Fue increíble.

Al cabo de cinco días de relación, invité a cenar a los padres de Jenn, Ron y Sandra Rock. Nos vimos en un Outback Steakhouse, un lugar agradable para un joven de veinte años sin dinero, y me senté frente a los padres de Jenn. Apenas los conocía y estaba incómodo, así que fui directo al grano. Les pedí permiso para casarme con Jenn. Lo que ya era un momento incómodo se hizo aún más incómodo por el hecho de que la mesera apareció justo después de que hice la pregunta. Puso dos pequeñas rebanadas de pan sobre la mesa, tomó nuestros pedidos de bebidas y regresó a la cocina, sin darse cuenta de que había interrumpido la pregunta más importante de mi vida. Esperé por alguna palabra de su parte, pero no respondieron mi pregunta. En vez de eso, Ron me pidió que le dijera las cosas que me gustaban de su hija: Todas las cosas.

¿Estaba hablando en serio?

Se sentía como una pregunta imposible, y ni siquiera podía pensar con claridad, estaba muy nervioso. No recuerdo lo que dije, pero recuerdo esto: me sudaban las manos, se me revolvía el estómago y en cuestión de un par de minutos, me comí ambas barras de pan. Todo lo que dije debe haber convencido a Ron porque se echó a reír y luego me dio su permiso, aunque solo habíamos estado juntos unos días.

Seis días después, fui con mi mamá. Le dije que tenía un poco de dinero pero no era suficiente para un anillo. Ella me dio el resto y fui a un joyero local para buscar un anillo. Encontré el anillo perfecto, un diamante en una banda de oro simple. Sólo costó setecientos dólares y no era mucho, pero era suficiente. Era perfecto.

Tenía mi anillo y tenía un plan. Era la noche del domingo siguiente y Jenn estaba tocando notas y dirigiendo la adoración conmigo. Me acerqué al micrófono y oré una oración corta que terminó con un "Amén". Luego me volví hacia Jenn y le dije: "Oh, y una cosa más. ¿Te casarías conmigo?" La multitud se volvió loca animando. ¡Jenn no se lo esperaba para nada! Ella asintió y caminó hacia mí. Puse el anillo en su dedo y la multitud volvió a aplaudir.

Oramos y hablamos con nuestros padres sobre cuándo nos casaríamos. Todos estuvimos de acuerdo en que las vacaciones de primavera serían perfectas, que eran alrededor de siete meses. Poco después de eso, comencé mi segundo año de la escuela de ministerio y Jenn comenzó su primer año. Durante nuestro de compromiso, pasamos la mayor parte del tiempo en la escuela, viajando, haciendo ministerio en calles y dirigiendo juntos la adoración.

Era obvio para cualquiera que la oyera cantar, que Jenn tenía un don innegable. Ella tenía autoridad en su voz y su capacidad de fluir en la adoración espontánea era poderosa. Y una y otra vez, cuando terminábamos de dirigir la adoración, la gente venía a nosotros con palabras proféticas, y esas palabras siempre eran bastante similares a la palabra que recibimos antes de comprometernos.

Fue una buena temporada, pero yo seguía luchando con el temor. Y cuando lo hacía, no se lo ocultaba a Jenn. Ella no lo pensaba dos veces cuando brotaba y me ayudaba a orar hasta que pasara. Ella estaba completamente comprometida.

Justo un par de semanas antes de nuestra boda, abordé un pequeño avión regional con mi mamá y me dirigí a Los Ángeles para dirigir la adoración. Era un vuelo de solo una hora, y no había tenido un ataque de pánico durante meses, aunque en las semanas previas a ese viaje, estaba cada vez más nervioso al saber que iba a ir en un avión pequeño. Cuando pisé el avión, comenzó la claustrofobia. La hice a un lado y me convencí de que estaría bien.

Avancé por el pasillo y, mientras lo hacía, miré por la ventana. Fue entonces cuando me di cuenta de que no estaba en un jet. Esta era una avioneta y de alguna manera eso empeoraba la claustrofobia. Mientras caminaba por ese pasillo largo hasta nuestros asientos en la parte trasera del avión, podía sentir el cambio familiar en el aire.

Cuando llegamos a nuestra fila, mi mamá se sentó en el asiento de la ventana.

Me deslicé en el pasillo.

Sentí que la presión a mi alrededor comenzaba a crecer aún más.

El asistente llegó hasta la parte delantera del avión y cerró la puerta mientras los propulsores del avión giraban. El peso sobre mi pecho comenzaba a presionar. El pánico aumentaba a medida que el avión se alejaba del aeropuerto y se dirigía hacia la pista. Ganamos velocidad y la presión de la cabina parecía aplastarme. Agarré los descansa brazos del asiento al comenzar a levantarnos del suelo. Estuve atrapado en este avión durante la siguiente hora, y me mecía hacia adelante y hacia atrás, tratando de mantenerme tranquilo mientras estábamos a punto de subir a 6 mil metros.

Con los ojos abiertos, me incliné hacia mi madre y le dije que estaba perdiendo el control. No tuve que decir mucho. Ella había visto esta expresión de terror en mi cara antes, así que me entregó su Biblia y la abrió en el Salmo 91. Yo me sabía este salmo, pero también sabía que no era lo que yo necesitaba. Necesitaba un salmo de alabanza para salir de esto. Salté al Salmo 150 y comencé a leerlo en voz alta.

> ¡Alabado sea el Señor!
> Alaben a Dios en su santuario,
> alábenlo en su poderoso firmamento.
> Alábenlo por sus proezas,
> alábenlo por su inmensa grandeza.
> Alábenlo con sonido de trompeta,
> alábenlo con el arpa y la lira.
> Alábenlo con panderos y danzas,
> alábenlo con cuerdas y flautas.
> Alábenlo con címbalos sonoros,
> alábenlo con címbalos resonantes.
> ¡Que todo lo que respira alabe al Señor!
> ¡Alabado sea el Señor!

Leí el salmo una y otra vez, pero la lectura no era suficiente. La ansiedad siguió creciendo y creciendo más fuerte. Entonces, comencé a cantar en voz baja. Canté las palabras de ese salmo con una melodía inventada en mi cabeza. Los canté una y otra vez. La gente comenzó a mirarme, pero no me importaba. Seguí cantando.

Nada parecía cambiar. Nunca había llegado tan lejos en un ataque de pánico, especialmente en público. Canté con más intensidad y si la mujer a mi derecha había pensado antes que estaba loco, probablemente ahora estaba convencida de ello. Yo continué de todos modos. Pasaron diez minutos, luego veinte, y yo estaba fuera de mí. Sentía que iba a desmayarme, lo que hubiera sido un regalo si eso significara escapar del tormento.

Durante treinta minutos canté ese salmo con una combinación de desesperación y fe, luchando por paz. Entonces el miedo y la ansiedad se desvanecieron en un instante. Se fueron. El aire estaba normal y lleno de paz. Fue entonces cuando escuché a Dios darme una promesa que entró directamente a mi alma.

Te he dado las claves de la libertad y vas a llevar esa libertad a aquellos que están encerrados en el mismo tipo de temor.

No era una voz audible. Era callada, un profundo conocimiento. Estaba más seguro de eso que de nada, y en ese momento, supe que estaba al final de un capítulo de quince años de mi vida. Nunca más sufriría de este tipo de tormento.

No tuve otro ataque de pánico después de eso, al menos no hasta que terminé en esa cama de hospital, quince años después. Pero sabía que algo significativo sucede cuando elegimos alabar en los momentos de nuestra mayor lucha y dolor. Lo había experimentado de primera mano.

OCHO

VIVIR EN LA MATRIX

* * *

Hay momentos para resguardar a tus hijos y protegerlos, pero sabía que este no era uno de esos momentos. Me vieron hundirme en pánico. Me vieron acostado en la cama del hospital, la medicina adormeciéndome. Quería que vieran la realidad de mi dolor. Sabía que protegerlos sería más perjudicial que beneficioso. Quería que vieran mi desesperación para que cuando esto terminara, vieran cuán fiel había sido Dios.

Los niños se pararon alrededor de mi cama de hospital, en silencio y mirando fijamente. El doctor vino y nos dijo que tenía que tomar las cosas con calma, que tenía que tomar un descanso. Iba a necesitar algo de ayuda para superar esto. Le entregó una hoja de papel a Jenn, explicándole que era una receta de un sedante que me ayudaría a superar esto y me ayudaría a estar por encima de mi ansiedad mientras me curaba.

"Es el mismo tipo de droga que está pasando por su vía intravenosa en este momento" dijo.

Tomé la mano de Jenn mientras ella me encaminaba hacia el área de espera, pasando por las puertas dobles y hacia el auto. La tensión y la ansiedad casi habían desaparecido. No era el mismo tipo de paz que había experimentado cuando era niño, esta era una paz médica, pero aun así, no me importaba. Esta medicina se sentía como una especie de milagro. Me quedé dormido tan pronto como llegué a casa y dormí toda la noche.

Me desperté a la mañana siguiente dentro de una nueva realidad. La ansiedad había regresado, aunque no era tan fuerte. Mi mente se sentía frágil. Estaba en el límite y, en cualquier momento, podría desmoronarme como la noche anterior. Me arrastré fuera de la cama, me dirigí a la cocina y tomé mi píldora de la mañana. Me incliné sobre el mostrador de la cocina y esperé a que surtiera efecto. Estaba agradecido de no tener que estar en ninguna parte. Habíamos terminado nuestra escuela de adoración de dos semanas con estudiantes de todo el mundo. Y sabiendo eso, Jenn y yo ya habíamos bloqueado la semana siguiente para vacaciones. Habíamos planeado usar el tiempo para descansar y salir con nuestros hijos después de esas dos semanas ocupadas, sin tener idea de que ahora lo necesitaría para recuperarme de una crisis.

Jenn entró a la cocina para ver cómo estaba. Llamó a nuestro médico familiar, y teníamos una cita en una hora. Los sedantes finalmente estaban funcionando, y mi respiración se equilibró. Fui a la habitación, me vestí y los dos nos dirigimos al consultorio del médico.

Le conté lo que había pasado. Dijo que debía considerar consejería y dijo que definitivamente necesitaba hacer algunos cambios en mi estilo de vida. Necesitaba ir más despacio, darme un receso y encontrar cosas para eliminar de mi vida. Debería considerar eliminar el azúcar, la cafeína y cualquier otro estimulante que pudiera agregar ansiedad a mi cuerpo.

"Necesitas hacer todo lo que puedas para crear paz y tranquilidad en tu vida", dijo. Jenn le dijo que habíamos programado un par de semanas libres. Él sonrió y dijo que ese era un buen comienzo. Sin embargo, dijo que debía prepararme. Necesitaría más de un par de semanas.

Me comprometí a descansar durante la primera semana y no salí de casa. Pasé mi tiempo en el sofá o en la cama, y ni siquiera abrí mi computadora. Pusimos música de adoración, a través de los altoparlantes de la casa, la mayor parte del día y durante la noche. Antes de que todo esto comenzara, había estado escribiendo una canción con mi amigo Jason Ingram, quien debo decir que es uno de los mejores compositores de adoración de nuestro tiempo. Toqué esa canción, "Más Grande que Todos los Demás Nombres", una y otra vez. Era una grabación simple, una versión de demostración de Jason cantando mientras tocaba un piano viejo.

> *"Tu amor supera el dolor más profundo. Tus brazos todavía llegan al lugar más lejano. Tu luz aún brilla para iluminar la noche más oscura. Aunque las aguas suben más allá de la orilla. Aunque las montañas caigan, sigo siendo tuyo. Tu nombre sigue siendo grande. Mucho más grande que todos los demás nombres.*
>
> *Eres más que suficiente. Eres poderoso para salvar. Eres todo lo que dijiste que serías. Ya has ganado. Tú pusiste la muerte en la tumba. A través del poder de la cruz soy libre".*

Había algo especial en esta simple grabación. Repetí esta canción y me trajo una paz innegable.

Dormía cerca de quince horas al día y no tenía energía. Cuando estaba despierto, sabía exactamente cuándo podía tomar la siguiente píldora. Cuando los medicamentos surtían efecto en mi sistema, todo se relajaba y mi cuerpo se calmaba. Soportaba las oleadas de altibajos que me provocaban los químicos, y en esos bajos, estaba tembloroso. Pero con otra píldora, podía sobrepasar algunas horas más. Me quedé en el sofá durante la primera semana, aturdido. Conforme pasaba la segunda semana, comencé a estar más consciente de lo que me rodeaba, y ahí fue en donde se volvió más claro: incluso con los medicamentos, yo no pensaba como solía hacerlo. Mi mente ahora parecía experimentar situaciones normales de una manera completamente nueva.

Miré hacia nuestro patio trasero por la ventana. Nuestro encargado de mantenimiento del césped había venido y le había faltado un pedazo del césped. Me enfoqué en ello. Eso me volvió absolutamente loco. Necesitaba que se encargara de ello inmediatamente. No pude manejarlo.

Voltee hacia la cocina. Estaba limpia en su mayor parte, pero alguien había dejado un vaso afuera. ¿Por qué eso me molestaba tanto?

Se había establecido una nueva y extraña compulsión hacia la perfección, y en mi mente se exageraba el más mínimo defecto o descuido. Pero no solo era el desorden lo que me molestaba. Los niños jugando fuertemente, la cortadora de césped, los sonidos de construcción, cualquier ruido era demasiado. Cuando salía de casa, usualmente usaba tapones para los oídos para silenciar el ruido. Todo se sentía caótico, y en ese caos, mi ansiedad se agitaba.

La segunda semana pasó, y a pesar de que las cosas no habían vuelto a la normalidad, quería volver al trabajo, pero Jenn no creía que fuera una buena idea. Me preguntó si podría tomar más tiempo libre porque sabía que no estaba listo. No creo que pueda, le dije. Nuestro itinerario se estaba volviendo cada vez más ocupado que nunca. Había reuniones que me estaba perdiendo, y Jenn y yo teníamos eventos próximos y giras que planificar. Habían canciones en producción y post-producción en Bethel Music. Había mucho que hacer.

"Lo llevaré con calma", le prometí. "Me incorporaré suavemente al trabajo. Estaré bien".

Jenn escuchó, y cuando terminé de hablar, me preguntó si yo pensaba que esa era la mejor idea. Ella sacudió su cabeza. "Siempre prometes que todo estará bien, Brian", dijo ella, sabiendo mi historia, "pero una vez que regreses, el trabajo tomará el control".

Debí haber escuchado. No lo hice.

Al día siguiente, estaba en la oficina haciendo todo lo posible por mantenerlo moderado. Para el mediodía, estaba abrumado. Todo lo que estaba en mi lista se sentía imposible. Cada tarea parecía tomar toda mi energía, y parecía que no podía hacer ni la cosa más pequeña sin una concentración intensa. Lo que antes podía haber sido una decisión rápida, ahora requería toda mi atención. Incluso una simple conversación con un músico sobre algo tan pequeño que no puedo recordar lo que era, parecía como un gran desacuerdo. Cualquiera de las habilidades de adaptación que tenía antes de mi receso, se habían ido.

Estábamos resolviendo algunos problemas menores, pero ahora todo se sentía más grande. Ya no podía diferenciar entre problemas grandes y pequeños. Algo era claramente diferente, y estaba viviendo en una realidad completamente nueva.

Después del trabajo, volvía a casa a la actividad normal de la vida familiar con tres hijos, por lo general más de tres porque traían a sus amigos todo el tiempo. Había cosas que hacer en la casa, y necesitaba pasar tiempo con los niños y con Jenn, pero todo eso era demasiado. Lo que había sido mi vida normal ahora se sentía abrumadora. Si los niños comenzaban a hacer ruido, simplemente salía de la casa e iba a caminar, dejando que Jenn fuera ambos: mamá y papá.

Conforme pasaban las semanas, me apegué a mi horario y tomaba mi medicamento sin falta. Me consumía el asegurarme que la ansiedad no regresara, pero siempre estaba ahí; podía sentirlo justo al filo de cualquier lugar. Manejar mi ansiedad era un trabajo de tiempo completo y ya no tenía más espacio emocional. Aunque me preocupaba más que nada por Jenn y los niños, era incapaz de pensar en sus necesidades. Estaba completamente exhausto.

Mirando hacia atrás, veo cómo la vida se convirtió en saber manejar mi ansiedad. Tomaba mis medicamentos religiosamente, y si el pánico no me azotaba, ese era un día bueno. Durante ese primer mes, la medicina me funcionó. Sin embargo, lo que no podía ver era que solo era una curita. Me estaba ayudando a sobrevivir, y por un tiempo me ayudó a sentir que estaba mejorando. Sin embargo, a medida que pasaban los días, parecía que manejar mi estrés cotidiano me tomaba más y más, y en el momento en que intenté volver a la vida normal, no pude hacerle frente.

Más tarde descubriría que, a largo plazo, esa medicina puede exagerar el pánico y la ansiedad. Para deshacerte de la ansiedad, tienes que lidiar con la causa subyacente. Pero el hecho era que no sabía cuál era el problema subyacente o cómo me estaba afectando.

Alrededor de seis semanas después de mi crisis, mi hija Téa invitó a algunos amigos a la casa para acampar. Yo estaba en el patio trasero, armando un par de tiendas de campaña. Sabía cuán difícil había sido esto para los niños durante los últimos meses, y quería que ella hiciera algo divertido. Téa estaba tan emocionada por invitar a sus amigos, y yo quería darle una gran noche. Ella había sido una campeona durante los meses pasados. Ella es el alma de la fiesta y solo necesitaba divertirse con sus amigos.

Las chicas estaban ahí, hablando y riendo como lo hacen las chicas, y yo podía sentir cómo aumentaba la presión. Comencé una fogata para que las chicas pudieran hacer s'mores, y mientras me sentaba junto al fuego, la presión siguió aumentando. Jenn se sentó a mi lado y me preguntó si estaba bien. "Me estoy deslizando", le dije, pero ¿cómo podía explicarlo?

Estaba cuestionando la realidad del mundo que me rodeaba y, abrumado por la posibilidad de que toda mi vida fuera falsa, de que estaba en una realidad parecida a la de Matrix y estaba a punto de despertarme y descubrir que todo lo que pensaba que era verdad era una mentira. Nunca antes había tenido dudas como esta, así que repetí la verdad en mi mente una y otra vez:

El mundo es real.

Este momento es real.

Dios es real.

Él es bueno.

Yo estoy bien.

No me estoy volviendo loco.

Se sentía como si mi mente se estuviera deslizando en un agujero negro de locura. El peso de la incredulidad y la desesperanza era inimaginable.

Las chicas siguieron riendo y hablando, inconscientes de mi confusión interna. Y aunque sabía que estos pensamientos no eran ciertos, no podía eliminarlos razonándolos. En ese momento, no sabía qué creer.

La presión se asentó más fuerte en mi pecho, y tomé un respiro profundo. No podía dejar de ahogarme. Me incliné hacia Jenn. "Siento que me estoy volviendo realmente loco", dije. Ella me detuvo y me dijo que la mirara a los ojos. Una y otra vez me dijo: "Vas a estar bien. Tú vas a estar bien". Sus palabras me ayudaron a encontrar un pequeño sentido de la realidad a la cual podía aferrarme.

Entré a la casa a tomar mi medicamento. Fue un momento desesperado, así que no tomé solamente uno. Tomé una píldora extra, con la esperanza de encontrar más alivio inmediato. Después de veinte minutos, el adormecimiento mental finalmente se dio a lugar. Cuando llegó, me convencí a mí mismo de que estaba mejorando, aun si tomaba una píldora adicional para ahuyentar el pánico.

Era octubre, un par de meses después de mi crisis, y estaba en una reunión para Bethel Music. Habíamos cometido un error, y no era uno pequeño. El equipo estaba frustrado. Estaban confundidos, tratando de averiguar qué hacer. Había muchas opiniones y muchos desacuerdos sobre cómo debíamos avanzar. Podía sentir cómo mi pecho comenzaba a arder. Tal vez si lo ignoraba, este ataque de pánico no vendría. Después de todo, no había pasado mucho tiempo desde que tomé mi última píldora. Debería estar bien. Presioné mi mano contra mi pecho, tratando de tomar un respiro más profundo.

A medida que la tensión en la habitación crecía, también lo hacía mi ansiedad. Estuve sentado el mayor tiempo posible, pero no pude soportarlo más. Estaba abrumado con la sensación de querer renunciar. Solo quería que terminara.

Me levanté de la mesa sin decir una palabra y caminé hacia la puerta, tratando de salir de la habitación tan rápido como pude. Atravesé la puerta de la sala de conferencias y corrí hacia mi camioneta. Estaba sucediendo otra vez, y tenía que llegar a casa. La ansiedad se intensificó rápidamente, y sabía que se trataba de una mala, una que podría enviarme al hospital si no me hacía cargo. No podía regresar allá. Haría cualquier cosa para evitar volver a caer en esa espiral sin control.

En unos minutos, estaba estacionándome en la entrada de mi casa. Corrí por la puerta hacia la cocina, alcancé el frasco de pastillas, vertí dos en mi mano y alcancé otro frasco. Debía tomar periódicamente un analgésico para el dolor de cuello, un problema que se había desarrollado años atrás. Vertí uno de esos analgésicos en mi mano, abrí la nevera, tomé una cerveza y me tragué todos los medicamentos.

Nada cambió y el pánico era implacable, así que agarré otra cerveza y la bebí. Esperé el zumbido mientras me sentaba en la mesa de la cocina.

¿Debía renunciar a todo?

Quería arrastrarme hasta un hoyo y terminar ahí, alejarme de cualquier cosa que pudiera causarme ansiedad y caer en un estado de entumecimiento permanente. Cerré los ojos, y cuando lo hice finalmente comenzó a surtir efecto en mi sistema la combinación de lo que había tomado. Todo se suavizó.

Fue entonces cuando la realidad de los últimos treinta minutos se vino abajo. Pensé que había estado mejorando, pero claramente no era así.

Sin mis pastillas, no podía funcionar. Solo estaba tratando los síntomas de mi crisis, pero había algunos problemas subyacentes con los que claramente no había lidiado. Y en ese momento, tomé una decisión:

Este no puede ser mi futuro.
Lo que acaba de suceder no puede pasar de nuevo.
Encontraré una solución y lidiaré con cualquiera que sea el problema.
Este no será mi futuro.

Una crisis mental no ocurre de la noche a la mañana, pero en ese momento, no podía ver cómo todo me había llevado hacia mi crisis. Con los años, la presión se había estado acumulando lentamente. Enfocado como era yo, y muy bueno acumulando mis emociones, no podía verlo.

Nuestro primer año de matrimonio fue una brisa. Jenn y yo vivíamos en un departamento de una habitación en Redding. Yo trabajaba en la iglesia y Jenn enseñaba lecciones de piano en nuestra casa. Nunca nos peleamos, ni siquiera por las cosas por las que normalmente discuten los recién casados. Las cosas parecían simples, incluso fáciles. Éramos tan felices.

Durante ese primer año, mi papá nos dio a Jenn y a mí el liderazgo sobre el equipo de adoración en la Iglesia Bethel. Jenn y yo estábamos llenos de visión. Habíamos recibido palabra profética tras palabra profética acerca del llamado que teníamos. Queríamos construir un puente entre dos grandes movimientos de adoración: el movimiento conocido por escribir las canciones que cantaba la iglesia global y el grupo conocido por su adoración profética. Queríamos una comunidad local de adoración fuerte, no sólo de personas que tocaran juntos en domingo, sino una familia, una gran familia. Jenn y yo tomamos las riendas, y no perdimos nada de tiempo. Sabíamos que este era el corazón de Dios.

La adoración en la iglesia siempre había sido fuerte en lo profético. Pero ahora queríamos casar la excelencia de la canción y la musicalidad con la fuerza del aspecto profético. No éramos perfectos, pero sí apasionados. Aprendimos a comunicarnos y a improvisar, pero estaba desordenado.

Pasaron los meses y nuestra visión no coincidía completamente con lo que realmente estaba sucediendo. Yo sabía desde un principio que tomaría tiempo percatarse de esa visión, pero estaba tomando más tiempo del que había imaginado. Hubieron desacuerdos sobre el estilo, la elección de la canción y el sonido. Era frustrante y desastroso, no era lo que había visualizado, pero Dios seguía moviéndose.

Para hacer las cosas más complicadas, algunas de las personas del equipo de adoración habían sido amigos de la familia durante años y me conocían desde que era un niño. A algunos les costó trabajo hacer la transición para verme en un rol de liderazgo, especialmente aquellos que me habían conocido desde bebé. Para algunos fue difícil hacer la transición al nuevo sonido y otros pensaron que la inversión financiera en la adoración no tenía sentido, especialmente con todas las otras cosas en las cuales la iglesia podía gastar su dinero. Y definitivamente, yo no encajaba como un pastor típico. Todas estas cosas, combinadas con mi evasión a la confrontación, era una receta para que hubieran complicaciones.

Aquí es donde necesito apropiarme de algunos de los errores que cometí. Conforme pasaba el tiempo, Jenn y yo nos reunimos con muchos miembros del equipo para mejorar sus habilidades a través de tomar clases de canto o trabajar en su instrumento. La confrontación no era mi fuerte, así que no les decía a los músicos por qué algunas cosas simplemente no funcionaban. No me di cuenta de que no estaba siendo claro en mi comunicación, y algunos miembros del equipo estaban haciendo suposiciones sobre lo que estaba sucediendo. Si las personas no tienen información, naturalmente llenarán los espacios vacíos de la historia. Yo no les estaba dando toda la información, así que naturalmente llegaron a sus propias conclusiones.

Jenn y yo dirigíamos también la adoración de jóvenes. Traje a algunos músicos nuevos del grupo de jóvenes para que se unieran al equipo de adoración, la mayoría de ellos muy jóvenes, entre trece y quince años. Siempre tratamos de levantar líderes de adoración y músicos jóvenes, pero no comuniqué por qué. Dejé demasiado espacio para que el equipo hiciera suposiciones, incluida la suposición de que estaban siendo reemplazados. No se me ocurrió reafirmar a los músicos veteranos y comunicar mejor la visión de hacia dónde íbamos, así que, naturalmente, se produjeron malentendidos. Estábamos cambiando muchas cosas, y el cambio es difícil para cualquiera.

Conforme crecieron los malentendidos, también creció mi frustración, pero no estaba dispuesto a hablar de ello, al menos no con quienes necesitaba hacerlo. En vez de ello, solo esperaba que todos captaran la visión. Ya la había compartido una vez. ¿Eso no fue suficiente? ¿Por qué no podían ver lo que estábamos haciendo y hacia dónde íbamos? No entendía por qué seguía enfrentándome contra tanta resistencia. Todavía no había aprendido que una visión debe ser comunicada primero, luego comunicada otra vez, luego otra vez. No había aprendido que los líderes se sobre comunican para darles a todos la oportunidad de entender hacia dónde van las cosas.

Era una expectativa poco realista, la expectativa de que lo entenderían sin más orientación, y las expectativas poco realistas siempre llevan a la desconexión. No intenté entender su perspectiva. En vez de eso, seguí presionando y no me ayudó mucho. Dios se estaba moviendo, pero era doloroso tanto para mí como para los demás.

Don Potter nos visitó durante esa temporada para dirigir la adoración en una conferencia de Bethel. El era parte de un ministerio a nivel nacional y era respetado por su perspectiva profética y excelencia en la música. En la última noche de su visita, nos llamó a Jenn y a mí al escenario un domingo por la noche. Él nos impuso manos y oró por nosotros frente a toda la iglesia. Fue un comisionamiento. Don afirmó nuestra visión para esta próxima temporada en el ministerio y me llenó con un propósito renovado. Y luego Don oró por nosotros; él me dijo que yo llevaba el mismo manto para la adoración que tenía mi abuelo.

Mi abuelo había sido el pastor principal de la Iglesia Bethel por trece años, y él pagó un precio alto para hacer de la adoración una prioridad. Él le mostró a la iglesia que la adoración no era solo cantar una canción. Era una postura de rendición de corazón. En aquellos días eso era extraño, pero mi abuelo no estaba dispuesto a cambiar la conversación, y finalmente eso llevó a grandes desacuerdos en la iglesia. Él estaba dispuesto a ser incomprendido con tal de que la congregación experimentara el poder de la adoración auténtica. En los años siguientes, la iglesia Bethel experimentó mucha libertad en la adoración, en gran parte debido al sacrificio de mi abuelo. Él había estado dispuesto a luchar por algo, y eso cambió todo.

Yo también estaba dispuesto a luchar por algo. Lo supe en cuanto escuché la palabra de Don. Jenn y yo seguiríamos avanzando, incluso si el equipo no lo entendía. Y eso fue exactamente lo que pasó. Yo sabía que la adoración lo cambiaba todo, lo sabía de primera mano y quería que otros experimentaran esa misma libertad.

A veces, decían cosas incómodas, y me sentía incomprendido. Pero siempre he sido bueno ignorando mi dolor, y eso fue exactamente lo que hice. No lidié con mi frustración. Me convencí a mí mismo de que yo estaba bien. Me dije a mí mismo que a donde nos dirigíamos, no todos irían. Si bien eso era cierto, también estaba evadiendo la frustración y el dolor que estaba sintiendo en el proceso.

Muchas de estas cosas son una parte natural del crecimiento rápido en una organización. Eso lo sé. Duplicamos a nuestro personal varias veces en poco tiempo, y la comunicación se volvió aún más complicada. El crecimiento del personal, la competencia por los recursos y mi falta de comunicación eran una bomba de tiempo para mi mundo interior.

Aunque nuestra vida ministerial estaba llena de desafíos, Jenn y yo estábamos muy bien. Nos encantaba estar casados. Compramos nuestra primera casa con la ayuda de los padres de Jenn ocho meses después de casarnos. Fue una gran primera pequeña casa que amamos arreglar y convertir en un hogar.

Tan sólo unos meses después, salimos de la ciudad por nuestro primer aniversario. Jenn se despertó no sintiéndose bien. A la mañana siguiente, tampoco se sentía bien. "¿Y si estoy embarazada?" dijo Jenn con una enorme sonrisa en su rostro. Estábamos tan emocionados mientras manejábamos para comprar una prueba. ¡Por supuesto que estábamos embarazados! Llamamos a nuestras familias, no pudiendo esperar para contarles la buena noticia.

Mientras Jenn estaba embarazada, continuamos viajando y dirigiendo la adoración, así como escribiendo canciones. Estábamos en una conferencia de líderes y se nos acercó un hombre llamado Andrew Sievright. Dijo que lo que estábamos haciendo era realmente especial, y quería ayudarnos a grabar un álbum con las canciones que habíamos escrito. Él cubriría los costos y nos permitiría usar su estudio de grabación. ¡No lo podíamos creer! ¡Nuestro sueño de grabar un álbum estaba a punto de suceder! La grabación de un álbum se convirtió en otra capa para una vida ya ocupada, pero no podíamos haber estado más emocionados.

El 11 de diciembre de 2001, Jenn entró en labor de parto. Ella quería prepararse para su labor de parto lo más posible, caminando afuera antes de tener que salir al hospital. Después de unas horas, Jenn dijo que no se sentía bien, como si tuviera gripe. Este era nuestro primer bebé, y ella no sabía completamente qué esperar con respecto al parto. Tampoco yo. Cuando llegamos al hospital, la admitieron y comenzaron el proceso de monitoreo. En cuesción de minutos, cinco enfermeras rodearon la cama del hospital. No dijeron mucho, solo entraron y salieron. No teníamos idea de si esto era normal. Entonces una de las enfermeras llamó al médico. "Los signos vitales del bebé se están desplomando", dijo ella.

El médico dio la orden, y la enfermera se volvió hacia mí y dijo que Jenn debía ser llevada a la sala de operaciones para una cesárea de emergencia. Desatoró las ruedas, alejó la cama de la pared y salió por la puerta sin decir una palabra. Llamé a mis padres y a sus padres y les dije que vinieran. Seguí a la enfermera hasta la puerta de la sala de cirugía, pero no me dejaron pasar, ya que la estaban preparando para la cirugía. Yo era un desastre. Me senté en el pasillo con todo mi mundo del otro lado de la puerta de la sala de operaciones.

Nuestra familia llegó y se sentaron conmigo, orando. Cuando estuvieron listos para la cirugía, abrieron la puerta y me metieron. Ella estaba recostada sobre su espalda con una sábana quirúrgica que nos impedía ver debajo de su cuello. Me senté a su lado a medida en que empezaron la cirugía. Sentí ganas de desmayarme, pero traté de ser fuerte para Jenn. Se sintió como una eternidad, pero en realidad fueron como treinta minutos. Y luego lo escuché. Nuestra pequeña niña, Haley Bren, lloró por primera vez. Fue uno de los sonidos más dulces que jamás había escuchado.

La limpiaron y tomaron sus signos vitales. Tenía números muy bajos, así que una enfermera nos la trajo para que pudiéramos verla, pero luego nos dijo que tenían que llevarla a la UCIN. Salió de prisa de la sala de operaciones con nuestra pequeña niña en sus brazos. Después de que los médicos terminaron la cirugía, nos regresaron a una habitación de hospital para la recuperación. Un médico de la UCIN entró y nos dijo que Haley tenía una puntuación APGAR de dos sobre diez. Él dijo que las cosas no se veían bien, y que a ella le estaba costando trabajo respirar. Es difícil describir el miedo que te abruma cuando escuchas que los médicos te dicen que es posible que tu hija no logre sobrevivir. Te sientes impotente, pero yo sabía que teníamos que hacer que todos oraran por ella. Nuestros padres llamaron a nuestra familia extendida y llenaron la sala de espera, orando por nuestra bebé recién nacida.

Me dejaron entrar en la UCIN para verla. Caminé por la puerta, y ahí estaba ella en una incubadora con un tubo de oxígeno pegado a su cara y monitores pegados por todas partes. Solo oré y le canté. Yo llevaba una cámara de video y luego la llevé a la sala de recuperación para que Jenn pudiera verla. Esos primeros días parecieron una neblina de esperanza, oración y llanto.

Sus números subían y bajaban. Nuestra familia entró y oró por ella durante los siguientes días, y dejaron entrar a Jenn para verla. Al tercer día incluso nos dejaron cargarla. Nos quedamos con mis abuelos, quienes vivían cerca del hospital. Ellos oraban constantemente con nosotros y significó mucho tenerlos ahí.

Lentamente, Haley mejoró y los médicos se asombraron de su cambio. Ella estuvo en la UCIN durante diez días. Había sido la cosa más aterradora de nuestra vida. Fue traumático, pero aún así no me hizo entrar en el tipo de pánico que experimenté de niño.

Una vez que la vida se normalizó un poco, seguimos trabajando en nuestro álbum. Estábamos orgullosos de las canciones, y no pudimos evitar estar emocionados. En realidad estábamos haciendo un álbum. Después de las primeras sesiones de grabación, viajé al estudio de Andrew en Santa Cruz para la postproducción, y trabajamos ahí durante más de seis meses para obtener el sonido perfecto. Conduje de ida y vuelta, y en uno de esos últimos viajes a Santa Cruz, justo cuando casi habíamos terminado, todos los archivos de audio desaparecieron sin previo aviso. Cientos de archivos se desvanecieron en un segundo, y el productor no pudo encontrarlos en ningún lugar en la computadora. Habíamos perdido cientos de horas de trabajo. Fue una pesadilla.

El productor no pudo soportarlo, y en el estrés del momento, salió del estudio. Necesitaba dar un paseo por la playa, dijo. Mientras estaba en el estudio, consideré las consecuencias. Si no encontramos los archivos, tendríamos que volver a empezar y regrabar. No era una opción, así que llamé a Andrew y le conté las malas noticias. Dijo que su hijo, Joel Taylor, estaba en la ciudad, y que si alguien podía arreglarlo, Joel podría. Me dio el número y le llamé a Joel. Llegó al estudio, se sentó en la computadora y comenzó a buscar los archivos. Y uno por uno, Joel encontró las pistas y comenzó a juntar el álbum, como armando un rompecabezas. Le tomó dos días, pero encontró todo lo que se había perdido y reconstruyó manualmente todo el álbum.

Meses después, el álbum fue lanzado, y empezamos a llevarlo en nuestros viajes. Los vendíamos en conferencias y eventos de adoración. No hubo ninguna gran fanfarria en torno al álbum, pero fue bien recibido por quienes lo compraron, y comenzamos a escuchar testimonios asombrosos sobre cómo la música estaba impactando a la gente.

Pasaron un par de años, y yo estaba escribiendo más y más. Algunas de esas canciones comenzaron a proliferar más allá de Bethel. Pero en esa temporada, un conocido líder de adoración visitó la iglesia y dijo que si iba a escribir "grandes canciones", tendría que escribir mejores letras. Y aunque ese tipo de crítica normalmente podría doler, era exactamente lo que necesitaba escuchar. Yo sabía que él tenía razón. No era un compositor experto, y necesitaba mejorar. Entonces, tomé una decisión: si las canciones que estaba escribiendo no eran lo suficientemente buenas, comenzaría a coescribir con personas que habían tenido carreras de composición exitosas. Sabía que era bueno para crear melodías, pero las palabras eran más difíciles. Trabajé duro, y las canciones mejoraron. Escritas en comunidad, las canciones eran más fuertes y el proceso me hizo mejorar.

Liderar un equipo, el nacimiento de Haley y el proceso de grabación de un álbum trajeron mucha emoción pero también presión. Sin embargo, no me di cuenta en el momento, porque estaban sucediendo cosas buenas. Dios se estaba moviendo, y no tenía ni el menor indicio de pánico o temor. Y así, sin darme cuenta, hice lo que había hecho de niño: acumulé cualquier dolor y avancé hacia la próxima cosa buena que Dios estaba haciendo. No sabía que vendrían más presiones y eventualmente me dejarían tirado en el sofá, incapaz de enfrentar las cosas básicas de la vida.

¿Cómo puedes saber estas cosas en tus veintes?

NUEVE

EL COSTO DE LA LIBERTAD

* * *

Cuando nos mudamos a Bethel por primera vez, era una iglesia de tamaño moderado en un condado remoto al norte de California. En esos días, Redding no era un destino. De hecho, nunca había sido un destino. Originalmente apodado "Poverty Flats" (Llanuras de Pobreza) por un sacerdote que se estableció ahí durante la fiebre del oro, Redding no era el tipo de ciudad en la que mucha gente quería vivir; era el tipo de pueblo por el cual conducías de camino a otro lugar. Y aunque Bethel era una iglesia agradable a mediados de los noventa, no tenía ninguna influencia o reconocimiento nacional. Pero tan solo unos pocos años después, la iglesia se estaba dando a conocer como un lugar donde Dios se estaba moviendo y milagros estaban sucediendo. Personas de todo el mundo estaban visitando la iglesia, y cada vez más personas estaban asistiendo a nuestra escuela de ministerio.

Mi padre siempre ha sido el líder más humilde, no controlador y no manipulador que conozco, y no era diferente en aquellos días. Valoraba una cultura de libertad y quería un equipo de liderazgo que no temiera correr riesgos. Quería un equipo con el coraje de seguir lo que Dios había puesto en sus corazones, y fue esa misma cultura de libertad la que creó una atmósfera donde las personas podían encontrarse con Dios. Cuando Bethel comenzó a experimentar los beneficios de este tipo de liderazgo, incluso más personas se unieron a lo que estaba sucediendo.

Muchos se quedaron y se volvieron parte de nuestra iglesia, y en tan solo unos pocos años, nuestra iglesia se duplicó en tamaño. Con ese crecimiento, el personal de nuestra iglesia también se duplicó.

El crecimiento del personal de la iglesia trajo sus propios desafíos. Teníamos buenas personas con buenas intenciones. Las personas se sienten naturalmente atraídas a una cultura de libertad porque quieren ser quienes Dios las está llamando a ser sin ser reprimidas o controladas por una persona u organización. No teníamos temor de que grandes personalidades o personas se hicieran grandes en nuestro entorno.

Mi padre no estaba interesado en ser un show de un solo hombre. Había lugar para que muchas personas se levantaran y llevaran su voz a la mesa. Conforme las personas entran dentro de este tipo de ambiente, a menudo las cosas pueden complicarse. Cuando las personas están en este trayecto y se vuelven grandes en Dios, están obligadas a empujar algunos límites y hacer algunos desórdenes. Existe un precio para este tipo de liderazgo, pero el fruto es evidente. A la larga, vale la pena.

Podía ver la sabiduría de este enfoque de liderazgo. Creó una atmósfera que permitió a nuestros líderes maximizaran sus dones y talentos, pero no era perfecto. Tuvimos algunos líderes que tenían sus propias agendas, algo que probablemente no hubiera sucedido en un entorno más controlador. Y naturalmente hubo más conflicto, algo que yo generalmente evadía. Lo que no entendía en aquellos días era que el conflicto bien hecho podría haberme ayudado a comprender de dónde venía alguien más y podría haberles permitido escuchar mi corazón y mi perspectiva. Pero como lo evadía, muchas cosas quedaron sin resolverse y empecé a sentir la presión.

Después de unos años, habíamos creado un equipo cuyo talento y habilidad musical se equiparaban con su unción en la adoración. Nos impulsábamos mutuamente de forma creativa, experimentamos e intentamos cosas nuevas. Vi hacia dónde nos estaba llevando Dios, y mis ojos estaban fijos en el juego final.

Parecía que cada semana vidas estaban siendo transformadas. Tantas noches, ministrábamos a la gente después del servicio. Recuerdo que una noche un hombre estaba sufriendo un trauma emocional, y me quedé ahí por horas tranquilamente tocando mi guitarra para él. Vi como la libertad llegó a su vida por simplemente tocar una canción del corazón de Dios. Esa noche toqué durante cuatro horas y me encantó; fui energizado por ello. Fue un privilegio ayudar a alguien más a encontrar la libertad que yo había encontrado en la adoración cuando era niño. Tomé en serio lo que estábamos haciendo. Sé que estos fueron momentos santos, y quería que el equipo también se lo tomara en serio. Quería que ellos se entregaran tanto como yo lo estaba haciendo.

Teníamos un baterista en nuestro equipo de adoración juvenil y lo trajimos para que tocara en el equipo principal. Chris Quilala tenía solo trece años y era claro que tenía talento y estaba ungido. En sus primeros ensayos, luchó contra los nervios, y durante uno de esos ensayos, se emocionó un poco y rompió el ritmo mientras trataba de tocar un fill complicado. Detuve a la banda, le dije que el trabajo del baterista era ayudar a la banda a mantener el tiempo y, hasta que pudiera mantener un ritmo constante en una pista de clics durante cinco minutos, no podría tocar los fills. No continué con ninguna motivación, y aunque lo dije como una crítica constructiva, eso debió haberle dolido. Todos estos años después, Chris y yo nos reímos de ese comentario. Nos reímos de los comentarios similares que le he hecho a lo largo de los años, y aunque algunos de esos comentarios lo hicieron mejorar, la verdad es que él era solo un niño, y yo lo critiqué demasiado. Sabía que los grandes líderes saben cómo animar y formar a las personas mientras las ayudan a crecer, pero no siempre puse esas verdades en acción.

Mirando hacia atrás, veo cuán contundente era. A pesar de que algunas de las personas en el equipo de adoración eran jóvenes o estaban lastimadas o heridas, yo no las veía de esa manera. Los veía como líderes y trataba a los líderes de manera diferente. Tenía estándares más altos para las personas en el equipo de adoración. La verdad es que a menudo esperaba que lo tuvieran todo resuelto. Y a medida que los empujaba, conforme trataba de forzarlos a desempeñar funciones para las cuales no estaban preparados o no tenían el talento natural, me volvía impaciente.

Algunas personas de nuestro equipo se encontraban en diferentes etapas de su desarrollo. Desearía haber recordado que había personas al otro lado de mis palabras. Yo sentía que les estaba dando mucho ánimo, pero Jenn a menudo me decía que para la mayor parte de las personas un comentario positivo cada tres o cuatro semanas no era suficiente. Pero en mi afán por lograr la visión, no me daba cuenta de cómo mi falta de palabras impactaba a las personas.

Mirando hacia atrás, desearía haber compartido el corazón detrás de mi visión, el *por qué*. Pero yo sentí que había comunicado el *cómo* y asumí que todos lo entendieron. Ahora sé que las suposiciones casi siempre te meten en problemas.

Emocionalmente era mucho, pero como pastores de adoración, Jenn y yo necesitábamos pasar tiempo reuniéndonos con los músicos y líderes de adoración. La mayor parte de ellos eran artistas típicos que se sentían cómodos compartiendo sus sentimientos. A menudo sentían mucho y querían comunicar todo lo que sucedía en su mundo interno, lo cual era mucho porque los verdaderos creativos a menudo están más en contacto con sus sentimientos y sienten las cosas profundamente. Así es como Dios los creó, y es algo hermoso, pero en ese entonces, no podía verlo. No pasaba mucho tiempo hablando y pensando acerca de mis sentimientos y lo que estaba sucediendo en mi mundo interno (algo en lo que todavía estoy creciendo), así que si uno de los miembros de nuestro equipo quería compartir cómo se sentía, yo intentaba evitarlo a toda costa.

Todas esas conversaciones me drenaban. Todavía estaba aprendiendo a dirigir a un grupo de personas extremadamente creativas. Mi paciencia a menudo se agotaba con los procesadores excesivos de nuestro equipo. Comencé a evitarlos. No sabía cómo ayudar a las personas a responsabilizarse de su propio crecimiento, por lo que evitaba las conversaciones aún más. Si alguien lograba acorralarme y arrastrarme a ese tipo de conversaciones, intentaba terminar lo más rápido posible y, mientras me alejaba, hacía una nota mental: *en el futuro, evitaré a esa persona.*

En su mayor parte, el equipo solo quería sentirse conectado y conocido por mí, y aunque no podía pastorearlos a todos personalmente, mi tendencia a proteger la evasión no estaba satisfaciendo su necesidad real de conexión. Teníamos un equipo de personas talentosas, ungidas y algunas veces heridas que necesitaban que yo estuviera presente para ellas.

Sabía que algo tenía que cambiar. No éramos capaces de cargar con la responsabilidad de las necesidades emocionales de nuestro creciente equipo, por lo que Jenn y yo decidimos dividir nuestro equipo grande en grupos más pequeños. Pensamos que podía ayudarles a sentirse más conectados, que podía aliviar algo de presión relacional y estrés. Contratamos a varias personas para pastorear el equipo de adoración porque sabíamos cuán importante era el cuidado pastoral, y Jenn y yo no éramos capaces de satisfacer todas sus necesidades. Fue una buena idea, y me quitó algo de presión relacional. Sabía que tenía que enfocarme en ser un marido y un padre para mis hijos, quienes eran muy jóvenes. También necesitaba pasar más tiempo desarrollando mi composición y creciendo como músico.

Aunque seguíamos haciendo vida juntos y pasando tiempo con el equipo todo el tiempo, no tomé tiempo para desarrollar una relación más profunda con personas clave en el equipo que realmente lo necesitaban. Los pastores del equipo me daban el tiempo para hacer estas cosas, pero eso también me permitió desconectarme un poco más del equipo. No invertí en ellos tanto como necesitaba hacerlo. Y si uno de los miembros del equipo se acercaba a mí para hablar sobre esa desconexión, si me sentía acusado de no estar presente, ponía más distancia entre nosotros. Me costaba trabajo diferenciar entre alguien que realmente necesitaba ayuda y alguien que intentaba que yo permitiera su mal comportamiento y sus decisiones, por lo que evadía a ambos.

A medida que la iglesia creció, también lo hicieron las oportunidades para dirigir la adoración, especialmente en ministerios y eventos externos. Dios se estaba moviendo poderosamente, y la gente quería más de Dios. Y aunque nuestro equipo de adoración estaba creciendo, había más oportunidades que personas para cubrirlo todo. Bethel estaba empezando a ser conocido, y nuestro joven grupo de líderes de adoración estaba recibiendo invitaciones para dirigir la adoración en iglesias de todo el mundo. Fue un momento emocionante, pero las invitaciones constantes amenazaban la estabilidad de la adoración en nuestra iglesia local. Y sabíamos que cuidar de nuestra iglesia local era nuestra principal prioridad en el ministerio porque no puedes exportar algo que no tienes en casa. Jenn y yo sabíamos que nuestro trabajo era crear una plataforma para las personas, y no queríamos que nuestros líderes fueran pequeños, pero también sabíamos que necesitábamos ayudarlos a crecer en sus llamados. Queríamos que su unción se equiparara con su carácter.

Al haber crecido en el mundo de la iglesia, había visto a líderes de adoración y pastores expandir sus ministerios demasiado rápido. Se desgastaron en el ajetreo de todo. Algunos habían dejado su iglesia local justo antes de que su matrimonio, familia y relación con Dios se derrumbaran, y eso era lo que menos queríamos. Lo que es más, Jenn y yo sabíamos lo que era balancear los viajes y formar una familia, y a lo largo del camino habíamos cometido una buena cantidad de errores. Queríamos que ellos estuvieran arraigados en Dios y su carácter para que pudieran formar sus familias de una manera saludable y ser capaces de manejar las oportunidades. Algunas personas estaban realmente ungidas pero tenían cosas en las que estaban trabajando y creciendo. Queríamos que estuvieran preparados para el éxito cuando salieran allá afuera.

Jenn y yo fuimos claros con el equipo. Establecimos parámetros alrededor de los itinerarios de viaje de los líderes de adoración de manera que estuvieran arraigados en la iglesia local. El compromiso les permitiría mantenerse en contacto con la gente de la iglesia y crearían un ritmo propicio para formar una familia. Pero no les pedimos que hicieran algo que nosotros no estuviéramos dispuestos a hacer. Hicimos nuestro mejor esfuerzo para modelarlo; para ese entonces ya teníamos tres hijos y sabíamos que necesitábamos estar presentes para ellos. Entonces, aunque recibimos nuestras propias solicitudes para dirigir la adoración fuera de Bethel, rechazamos muchas oportunidades y enviamos a los equipos que creíamos que estaban listos para ir en nuestro lugar. Algunos de nuestros líderes más jóvenes captaron la visión. Algunos no lo hicieron. Eso causó tensión, ya que algunos miembros del equipo querían viajar más y no obtenían las oportunidades. Había quienes estaban fuera más que lo que estaban en casa. Queríamos que la gente corriera a un ritmo que pudieran mantener por años, pero ellos no estaban estableciendo un ritmo sostenible, y eventualmente se desgastaron. Para empeorar las cosas, a medida en que viajaban más y más, tuvimos dificultades para cubrir nuestros servicios de adoración y eventos, y eso estaba ejerciendo demasiada presión sobre el resto del equipo.

La frustración crecía a medida que intentaba, de la mejor manera posible, dirigir a las personas más atareadas de nuestro equipo. Les dije que estábamos tratando de ayudarlos a establecer un ritmo sostenible, pero algunos de ellos no escucharon. Llevé a cabo más reuniones, hablé más y más fuerte, pero parecía que no les quedaba claro. Empecé a sentir como si Jenn y yo estuviéramos en la postura de ser los policías malos. Conforme se establecía este sentimiento en mí, comencé a hacer suposiciones sobre sus motivos y se convirtió en un lente a través del cual veía sus acciones. No les di el beneficio de la duda, y eso creó más distancia.

Fue un tiempo complicado. Estábamos formando una comunidad de adoración increíble, y Dios estaba haciendo mucho. Pero aún así, estaba navegando los conflictos que venían con un grupo talentoso de individuos con unción, visión y libertad. A medida que nuestra influencia creció, hubieron malentendidos. Sentía como si nadie me escuchara hasta que hablaba más fuerte o hacía un gran lío sobre algo. Yo tenía un problema que estaba creciendo y necesitaba que el liderazgo de la iglesia ayudara a hacer cumplir algunos de los límites que yo había establecido. Los líderes de la iglesia estaban todos ocupados con sus propias responsabilidades, por lo que no entendían bien por qué Jenn y yo estábamos tan preocupados.

Balancear las necesidades del equipo de adoración era mucho. Pero habían capas en lo que estaba pasando y muchos dolores en aumento. Estaba aprendiendo a navegar las relaciones con el equipo de liderazgo de todo nuestro personal en Bethel.

Cada semana en Bethel, nuestro personal se reúne en un tiempo increíble en el que compartimos testimonios sobre lo que está sucediendo en la iglesia y en todo el mundo a través de los diferentes ministerios. Hace años, mi papá comenzó la reunión semanal del personal de dos horas cuando las cosas en la iglesia estaban bastante difíciles financieramente, de modo que si teníamos que tomar decisiones difíciles, lo hiciéramos desde un lugar de fe y confianza. Es una parte de nuestro ADN, tanto, que todos estos años después, lo seguimos haciendo.

Sin embargo, en aquellos días, yo no compartía mucho durante esas reuniones. No quería que pareciera que me estaba promocionando a mí mismo o a Jenn, especialmente porque no hay nada que odie más que la autopromoción escondida detrás de la apariencia de promover a Dios. Además, el ministerio de adoración de Bethel era mucho más grande que Jenn y yo, y no quería correr el riesgo de hacer que pareciera que estaba tomando el crédito por todo eso. Entonces, no compartía mucho en esas reuniones semanales.

Como resultado, algunos de los otros miembros del personal pensaron que estaba desapegado. Y al no compartir, no le di a la gente la oportunidad de captar la visión de lo que estábamos haciendo y hacia dónde íbamos como comunidad de adoración. Si yo hubiera comunicado hacia dónde íbamos y el impacto que estábamos viendo, podría haber ayudado a las personas a captar la visión de lo que estaba sucediendo.

Durante esos días, el dinero era muy limitado y todos los equipos intentaban obtener lo que se necesitaba para llevar su ministerio al siguiente nivel. El liderazgo de Bethel estaba tratando de equilibrar el presupuesto mientras el ministerio de adoración se estaba expandiendo. Nuestras necesidades crecían y encontré que mis solicitudes de presupuesto competían con las solicitudes de presupuesto de otros ministerios. Así es como siempre son las reuniones presupuestarias. Necesitábamos mejores equipos para seguir creciendo, y ese equipo ciertamente no era barato.

Durante meses había estado trabajando por conseguir mejores equipos. Mis solicitudes generalmente eran denegadas o retrasadas. Observé cómo gastábamos dinero y comencé a frustrarme, a pesar de que ese dinero se invertía en otros ministerios que estaban causando un impacto en nuestra iglesia y comunidad. La adoración podía abrir una puerta al corazón de la gente. Yo sabía que los movimientos más grandes habían nacido del sonido o una canción que capturaba lo que Dios estaba haciendo en un momento específico. Me sentía frustrado de que el equipo no pudiera ver lo que estábamos tratando de construir. O al menos se sentía como si no pudieran ver.

En 2008, teníamos alrededor de mil estudiantes en nuestra escuela de ministerio, y Bethel seguía creciendo. Estábamos al borde de una oportunidad y decidimos transmitir en vivo nuestros servicios en Internet. Era una gran idea, y estábamos emocionados. Imaginamos a personas de todo el mundo uniéndose a nosotros, y las posibilidades parecían infinitas.

Aunque estábamos emocionados, todos sabíamos que iba a ser más complicado de lo que pensábamos. No sabíamos lo que no sabíamos, pero sabíamos que debíamos avanzar. Había aspectos técnicos que necesitaban ser analizados porque, en aquellos días, nadie estaba haciendo transmisiones en vivo a una escala tan grande. No había iglesias que pudieran orientarnos, y la tecnología estaba cambiando a un ritmo muy rápido. Estábamos tratando de mantenernos al día para poder crear una experiencia poderosa para las personas que estaban viendo en línea.

Avanzamos con el plan e invertimos en el equipo y los equipos necesarios para que esto sucediera. Nos movíamos a un ritmo tan rápido, que era casi un hecho que fallaríamos en un par de cosas. Dos semanas antes del lanzamiento, uno de los líderes se paró en mi oficina y me preguntó si el equipo de adoración estaría listo. Podrías imaginar mi respuesta.

¿Qué? ¿En dos semanas? ¿Cómo es que lanzábamos en dos semanas?

De ninguna manera era intencional, pero en ese momento sentí como si hubieran preparado todo para que yo fracasara. Le pregunté cómo íbamos a manejar el sonido de la transmisión y si habíamos contratado a un ingeniero de sonido. He observado horas de trasmisión de mala calidad de bandas asombrosas y renombradas a nivel mundial. Sabía que si la transmisión no estaba bien mezclada, si no estaba bien diseñada, incluso las bandas más increíbles sonaban terribles. Lograr una transmisión en vivo era extremadamente difícil, incluso cuando tenías presupuestos ilimitados. Habíamos trabajado años para afinar cada parte de la adoración. Mi temor era que todo eso ahora se fuera por la borda.

Ciertamente él sintió mi frustración. Compartí mis preocupaciones y le dije que el equipo de adoración quería estar orgulloso de lo que se transmitiría. No podíamos arriesgarnos a ofrecer una experiencia de adoración que no inspirara adoración. La gente necesitaba sentirse como si estuvieran en la habitación con nosotros. Finalmente dije que si no contrataban a un ingeniero de sonido para la adoración, no podrían transmitir la adoración. Salí de la oficina, el policía malo otra vez. A medida que transcurría la semana, me mantuve firme, aunque me sentía solo, y después de días de debate, se acordó que podríamos contratar a un ingeniero de sonido.

En retrospectiva, había una mejor manera de abordar esa situación. Lo que quería proteger era saludable y bueno. No estaba mal el *qué* estaba tratando de proteger. Era el cómo traté de protegerlo. Enfrentar todas estas situaciones como batallas comenzaba a desgastarme.

DIEZ

LA CABAÑA

* * *

Para el año 2010, el equipo de adoración había alcanzado un buen paso.. Estábamos viendo mucho crecimiento en nuestra comunidad de adoración: se estaban escribiendo canciones, la transmisión en vivo estaba ganando impulso y Dios se estaba moviendo. Pero también estábamos navegando los conflictos y malentendidos que pueden surgir en una cultura de libertad.

En medio de este crecimiento, Joel Taylor, mi amigo que había salvado el día al encontrar todas esas canciones que se habían perdido hace años, se mudó a Redding y comenzó a pasar más tiempo con Jenn y conmigo. Él venía a la casa por las tardes para estar con nuestra familia, y hablamos mucho sobre nuestra visión para la adoración. Queríamos crear algo que sirviera a la iglesia y abriera paso a los artistas financieramente. Tal vez era hora de comenzar el sello musical con el que siempre habíamos soñado. Podríamos grabar las canciones que surgen de Bethel y hacer un nuevo modelo para una marca que estaba conectada a la iglesia y fuera sostenible.

Pasamos horas juntos soñando con el sello discográfico y haciendo cosas que nunca antes se habían hecho. Queríamos tomar lo que habíamos construido aquí, nuestra pasión por la adoración espontánea y la excelencia en la música, y difundirlo. Pero no queríamos crear un nuevo tipo de sello musical solo por el fin de crear algo nuevo. Queríamos que estuviera enfocado en el ministerio con honestidad e integridad y también fuera financieramente viable.

Cuando creas algo nuevo y lo llevas delante de Dios, debería costarte algo. Debería llevar a las personas a un auténtico encuentro con Dios. Cuando las personas tienen un encuentro con Dios, son marcadas para siempre. Y eso era exactamente lo que queríamos. Queríamos ver que la gente lo experimentara a Él. Queríamos un equipo sano y maduro que caminara en autoridad y carácter, que sirviera a la iglesia local y que cargara con eso mientras viajaban. Queríamos reunir a la gente para buscar activamente a Dios.

Bethel estaba repleto de líderes de adoración, músicos y escritores. Necesitábamos una estructura nueva que pudiera manejar la nueva temporada, todo lo que Dios estaba haciendo y la gente que Dios estaba trayendo. Necesitábamos un CEO, un hombre de negocios que entendiera la industria de la música, y aunque esta no era mi área de especialización, Joel aceptó ser un consultor hasta que encontráramos a la persona perfecta.

Empezamos a entrevistar a posibles candidatos, pero nadie parecía ser la persona correcta. Todos eran capaces, todos estaban bien informados, pero estaban fuera de Bethel, y no parecían captar la visión de lo que estábamos tratando de construir. Seguimos entrevistando pero no pudimos encontrar a nadie que encajara.

Después de meses de entrevistas, entré a la cocina. Jenn ya estaba ahí preparando el desayuno, y le pregunté qué pensaba sobre incorporar a Joel como CEO de Bethel Music. Ella estuvo de acuerdo sin dudarlo, y cuando quise agarrar el teléfono, este sonó Era Joel. En el otro lado del teléfono, dijo que había tenido la idea más loca. ¿Y si él se convirtiera en el CEO de Bethel Music? Le dije que Jenn y yo habíamos estado hablando acerca de eso y que estaba por tomar el teléfono para llamarle cuando él llamó. Todos nos reímos, sorprendidos de que después de meses de entrevistas, llegamos a la misma conclusión en la misma mañana. Solo Dios. Estábamos tan emocionados, y se sentía correcto.

Habíamos encontrado a nuestro CEO. Teníamos una visión. Teníamos un equipo increíble. Y así nada más, nació Bethel Music. Sin embargo, resulta que se necesita más que un CEO y una visión para iniciar un negocio. Se necesita capital. Entonces, Joel y yo desarrollamos un plan de negocios, y cuando teníamos todo junto, nos dirigimos a los líderes de la iglesia para preguntarles si ellos aportarían el dinero inicial. Presentamos el plan, pero el liderazgo no estaba tan emocionado, y la historia tuvo algo que ver con eso.

Antes de iniciar Bethel Music, Jenn y yo habíamos producido un álbum llamado *Here Is Love*. Tomamos un préstamo de la iglesia para cubrir los costos de producción, y el tiempo de recuperación había tomado más tiempo de lo que la iglesia esperaba. Debido a que yo no era el mejor comunicador, no manejé bien las expectativas de pagar el préstamo y el equipo de liderazgo estaba nervioso. Con un álbum, siempre hay una inversión y se necesita tiempo para recuperar esos costos. El equipo sintió que era demasiado arriesgado. ¿Qué tal si no vale la pena? Le daban vueltas y vueltas. Querían apoyarnos, pero este era también un momento de crecimiento para la iglesia y las finanzas estaban ajustadas con tantas necesidades en la iglesia local. Discutieron los pros y los contras, pero al final rechazaron nuestra solicitud.

Viéndolo en retrospectiva, puedo ver las cosas desde su punto de vista. La verdad es que tenían razón. Era arriesgado. Pero yo sabía que debíamos hacer esto. Ya estábamos viendo el impacto, así que necesitábamos movernos rápido. Nos reagrupamos y nos dispusimos a buscar financiamiento. Nos acercamos a un distribuidor de música cristiana de renombre que había transmitido nuestra música años antes, y les mostramos el plan de negocios. El distribuidor escuchó nuestra música, vio una oportunidad y la aprovechó. Aceptaron distribuir el álbum por nosotros y nos dieron un adelanto de nuestras ganancias. Era el préstamo que necesitábamos, pero también nos puso en una situación financiera ajustada porque desde el momento en que firmamos el contrato, estábamos gastando nuestras ganancias futuras.

Las puertas de Bethel Music se abrieron oficialmente, y nos pusimos a trabajar. Comenzamos a reunirnos con líderes ministeriales en la iglesia, incluido Kris Vallotton. Aunque sabía que Bethel no podía pagar el préstamo para comenzar el sello, estaba entusiasmado con la visión y la dirección hacia la cual nos dirigíamos. Quería ayudar a asegurarse de que Bethel Music no gastara todo el anticipo en salarios. Kris sabía que tendríamos que reinvertir nuestros derechos en el sello. Quería que la iglesia sirviera como una incubadora para Bethel Music, y encontró algo de dinero para pagarle a Joel y un contador por un pequeño salario. No era mucho, dijo, pero nos ayudaría a reservar capital para invertir en lo que estábamos creando. Aceptamos, agradecidos de que la iglesia estuviera apoyando la visión.

Incluso con el dinero del distribuidor y la ayuda de la iglesia, nuestros presupuestos eran casi nulos. Trabajamos en una pequeña oficina que compartíamos con nuestro contador, un becario y Joel. Sabíamos que si tan solo un álbum no funcionaba bien, Bethel Music no lo lograría, por lo que tuvimos cuidado con cada decisión que tomamos.

Comenzamos a grabar las canciones que estábamos escribiendo juntos, y creció la emoción en el equipo de adoración. Lanzamos *Be Lifted High*, nuestro primer álbum de compilación con todas las canciones originales, y fue mejor de lo esperado. Aún así, no teníamos idea de las posibilidades.

Años antes, había estado dirigiendo la adoración en Bethel cuando vino a mí una frase durante un momento espontáneo de adoración. Durante los bautismos, comencé a cantar una frase simple como una declaración sobre la gente: *Su amor nunca falla, nunca se rinde, nunca se agota.* Lo canté una y otra vez, y parecía resonar con la multitud. Fue uno de esos raros momentos de adoración, un momento en el que sabes que estás cantando algo con poder;

y después de esa noche, a menudo volvía a esa frase en adoración. Cada vez que lo hacía, realmente conectaba con la gente.

Siempre quise escribir una canción alrededor de esa frase y reuní a un pequeño grupo de escritores para hacer precisamente eso. Invité a Jeremy Riddle y Christa Black-Gifford y, en unas pocas semanas, tuvimos los versos y el coro bien armados. Trabajamos la canción durante semanas, fuimos y vinimos, y en el transcurso de varias sesiones de escritura, la terminamos. Conforme la tocamos por primera vez, sabíamos que era especial. Lo que nació en un momento de adoración espontánea había tardado siete años en completarse, pero valió la pena la espera.

Presentamos la versión completa de la canción a la iglesia, y ellos respondieron de la misma manera en que lo hicieron con el coro. Mientras lo guiaba, me acordé de lo que Matt Redman siempre dice: "Si comienza en adoración, generalmente funcionará en la adoración".

Terminar "One Thing Remains" marcó un momento significativo para mí. Escribir en colaboración había sido uno de los primeros sueños detrás de comenzar Bethel Music. Esperábamos reunir a compositores de diferentes movimientos para escribir canciones para la iglesia. Ese sueño, un sueño que había estado en mí durante años, finalmente estaba empezando a concretarse. Estábamos trayendo estas ideas y probando conceptos, mostrando cómo una búsqueda constante de la visión daba como resultado poderosas expresiones de adoración. También comencé a abrirme más y compartía los éxitos de Bethel Music con el equipo de liderazgo de Bethel. A medida en que lo hacía, comenzaron a ver la visión que teníamos.

Seguimos escribiendo, y en 2012 decidimos intentar capturar nuestro próximo álbum. Aunque todavía no teníamos la mayoría de las canciones escritas, decidimos intentarlo. Con no más que una idea, reunimos al equipo y comenzamos a hacer una lluvia de ideas. Todos estuvimos de acuerdo; queríamos capturar ese sonido único que habíamos estado construyendo con nuestra comunidad de adoración, un sonido orgánico y puro. Y conforme escribíamos para el álbum, lo que surgió fue un sonido íntimo y acústico. Se sintió totalmente diferente, y cuando la lista de canciones comenzó a unirse, nuestra emoción creció.

En sólo semanas, nos reunimos en el estudio, listos para grabar. Esto se sintió como un gran experimento, y déjame decirte, el intentar realizar una grabación en vivo no es para los de corazón débil. Fue estresante, pero comenzó a tomar forma. Joel era el gerente del proyecto de grabación y video, y solo tenía dos becarios no remunerados que lo ayudaban. En medio del proyecto, nos quedamos sin dinero. Era un compromiso importante, y los plazos del proyecto parecían descabellados. Pero a pesar de que se sentía locamente estresante, tratamos de crear un espacio para que Dios se moviera, para interrumpirnos en la forma en que siempre queríamos que lo hiciera. Hubo momentos en que cambiamos canciones sobre la marcha, a veces en medio de la grabación en vivo. Hicimos todo esto mientras intentábamos proteger la integridad del sonido. En medio del proyecto, descubrimos que nuestro productor no estaba capturando el sonido que queríamos, por lo que Joel y yo intervinimos y reprodujimos la mayoría de las canciones que ya llevábamos grabadas. Lo que había sido estresante ahora era un caos absoluto.

Durante la grabación de *The Loft Sessions*, sentía mucha presión por proteger la visión de Bethel Music, luchar por la integridad de la música y crear espacio para los momentos espontáneos que sabía que harían que el álbum fuera especial. Al mismo tiempo, intentábamos mantener el proyecto en marcha y controlar los costos. Fue emocionante y abrumador al mismo tiempo, pero me guardé todo ese estrés. Al menos eso es lo que pensé que estaba haciendo, pero se estaba filtrando en el equipo, Jenn y los niños. Cuando terminamos de grabar, nos reunimos para escuchar el álbum y no pudimos haber estado más emocionados. Habíamos capturado lo que habíamos soñado, a pesar de todas las dificultades y tensiones. Aun así, la presión en mi mundo interno estaba aumentando.

Terminamos *The Loft Sessions* y lo lanzamos en 2012, y parece que cobró vida propia. A la gente le encantó el sonido y las ventas del álbum superaron nuestras expectativas. Grabé "One Thing Remains" tanto en nuestro primer disco como en el segundo álbum y comenzó a difundirse a nivel nacional. Fue entonces cuando Bethel Music comenzó a mejorar después de este tiempo difícil.

Kristian Stanfill llamó, pidiendo grabar "One Thing Remains" para Passion Music, y fuimos avivados. Meses después, lo lanzó, y pegó aún más. Comencé a escuchar la canción en la radio. Mis amigos llamaban para decirme que la estaban cantando en la iglesia y en conferencias alrededor del mundo. Líderes de adoración reconocidos me enviaron un correo electrónico diciendo que lo estaban dirigiendo en los principales eventos y escenarios. Comenzaron a llegar testimonios y personas de todo el mundo enviaban correos electrónicos para contarnos cómo la canción había cambiado sus vidas, la máxima recompensa para un compositor. Y conforme llegaban esos testimonios, vi cómo Dios podía conectarse con Su pueblo y los hacía sentirse amados a través de una simple canción.

En 2013, "One Thing Remains" fue nominada a la Canción del Año en el cuadragésimo cuarto Premio Anual de la GMA Dove, los premios de la industria de música cristiana, y Jenn y yo fuimos invitados por Shelly Giglio junto con Kristian Stanfill para tocar la canción en vivo en el show. Fue una experiencia irreal, dirigir la adoración para algunos de los nombres más importantes de la música cristiana. Fue un momento significativo, y en ese momento, Jenn y yo solo podíamos sentirnos abrumados por la fidelidad de Dios. Dios me había dado el coro en la adoración espontánea, y los co-escritores ayudaron a que cobrara vida. Y conforme consideré todas las cosas que se unieron para hacer posible ese momento, no sentía nada más que una profunda gratitud.

"One Thing Remains" continuó creciendo en popularidad y creó un puente para Bethel Music. Trajo nuevas oportunidades para conectarse y colaborar con otros compositores, otros movimientos de adoración y denominaciones. Los líderes de adoración que habían escrito canciones increíbles para la iglesia que yo canté durante años me llamaron para felicitarme y me preguntaron si estaría dispuesto a escribir junto con ellos. Muchos de estos compositores eran mis héroes personales. Las cosas estaban yendo muy bien, y tal vez por eso ignoré la presión que crecía.

Hubieron muchas encrucijadas entre mi trabajo con Bethel Music y la iglesia, pero equilibrarlo todo se volvió cada vez más difícil, a pesar de que sabía que estábamos construyendo lo que debíamos estar construyendo. Habíamos recibido tantas palabras proféticas en los años previos a Bethel Music, palabras que deberían haberme preparado para los dolores crecientes de ser un líder joven en un entorno poderoso. Pero no me di cuenta de que cuando estás creando algo nuevo, va a haber cierta resistencia, y la gente no siempre va a captar la visión de ir a lugares en los que nunca hemos estado. Pensé que las cosas debían suceder de cierta manera, y cuando no lo hacían, me volvía impaciente. No dejé que esas palabras proféticas me dieran la paciencia que necesitaba.

Estábamos dedicando más tiempo al sello, equilibrando nuestras responsabilidades en la Iglesia Bethel con invitaciones para viajar y dirigir la adoración y preparándonos para nuestra escuela anual de adoración. Necesitábamos un receso del peso de todo. Jenn y yo decidimos ir a cenar con amigos a una cabaña en las montañas. Estábamos entre Redding y las montañas cuando empezaron a inundarnos los mensajes de texto. Algunos de los artistas y músicos clave de nuestro equipo, quienes estaban programados para ayudar con la escuela de adoración, habían sido reservados por otras iglesias. Y de repente, me encontraba en la misma conversación que había tenido tantas veces antes. La frustración comenzó, e inmediatamente me puse lívido.

¿Están bromeando?

Les dijimos que ya se habían comprometido y que tendríamos que batallar para llenar sus lugares con otras personas que no estaban tan calificadas. Estaba en la misma conversación que había tenido tantas veces antes.

Nos estacionamos en la cabaña y le dije a Jenn cómo me sentía poco respetado. ¿No era esta la misma conversación que habíamos tenido tantas veces antes? Después de lo que se sentía como años de luchar en contra de este problema, ¿por qué seguíamos peleando por lo mismo?

Lo hablé con Jenn, al menos ella lo entendía.

Inmediatamente comencé a enviarle un mensaje de texto a mi papá contándole la situación, pero en medio del intercambio de mensajes de texto, se hizo evidente que no veíamos de la misma manera. Mi mundo se sentía como un "gratis para todos". Se sentía como si me estuvieran pasando cosas a mí, no conmigo. Me sentí incomprendido, una emoción demasiado familiar. Sin pensarlo, en medio de nuestra conversación por mensajes de texto, escribí palabras a mi papá que seguramente le dolieron.

No confío en ti. Golpeé enviar, luego miré esas palabras otra vez. Mi papá era el mejor hombre que conocía, así que ¿de dónde había salido esto? Me sentía tan lastimado y dolido que ni siquiera me había dado cuenta de lo que estaba ahí. Me sentía infantil, y mientras leía ese texto una y otra vez, me sentía cada vez más molesto conmigo mismo. Le estaba haciendo lo mismo que odiaba que la gente me hiciera, derramando mi desorden emocional y esperando que él asumiera la carga.

¿Cómo podía ser lastimado por alguien que nunca intentaría hacerme daño?

Y aunque sabía que no era cierto, me sentía herido y enojado. Estaba harto de intentar que esto funcionara o tuviera sentido. No sabía cómo ganar. Esas palabras debieron haber sido una daga para mi papá, porque de inmediato me envió un mensaje de texto y me preguntó en dónde estaba. Dijo que estaba en camino hacia donde yo estaba y que traería a mi mamá.

En cuestión de minutos ellos ya estaban ahí, y mis emociones embotelladas explotaron, algunas que ni siquiera sabía que estaban dentro de mí. Él no estaba ansioso por nada de eso, y no dejó que eso pusiera distancia entre nosotros. Escuchó pacientemente mientras yo expresaba la frustración, el sentimiento de ser incomprendido, las presiones, la falta de límites, el dolor. Incluso hablé acerca de mi visión y emoción por Bethel Music. Todo lo dije sin filtro y en bruto. Las emociones buenas y las emociones difíciles, no retuve nada.

Por supuesto, antes de esa noche en la cabaña, yo no había comunicado cuánto me estaba afectando esto. Él no había entendido los lugares en donde yo necesitaba ayuda. Él se disculpó y compartió lo orgulloso que estaba de mí y de lo que habíamos logrado. Podía ver lo que estábamos tratando de construir y estaba agradecido por ello.

Mientras él compartía, me sentí realmente entendido por primera vez en años. Estaba cansado y con dolor y mi papá se encontró conmigo ahí. Algunas cosas tendrían que cambiar, pero hablar con mis padres me había dado lo que necesitaba: el coraje para seguir avanzando.

Aunque me sentí aliviado después de esa conversación, sabía que había otras conversaciones que debía tener. No era un gran comunicador y sabía que tenía que hacer un mejor trabajo con nuestro equipo. Entonces, Jenn y yo hablamos con un padre en nuestras vidas, Ray Hughes, quien ha enseñado en nuestra escuela de adoración durante muchos años. No recuerdo mucho de la conversación, pero en algún momento me dijo: "Hijo, no eres muy bueno con tus palabras. Tus emociones sacan lo mejor de ti. Necesitas escribir una carta. Escribe lo que necesitas decir y léela". Entonces, Jenn y yo nos tomamos un tiempo el fin de semana para orar y escribir la carta, y en ella escribí lo que había estado sintiendo y cómo debía verse la próxima temporada.

Odié cada parte de escribir esa carta. Pero mi falta de comunicación sobre lo que estábamos llamados a hacer y cómo íbamos a hacerlo había sido un error. Quería que Dios fuera mi defensor y pensé que Él iba a intervenir; pero en esta temporada, era mi responsabilidad comunicar claramente lo que sentía que estábamos llamados a liderar.

La carta era abierta y en bruto, que es donde yo me encontraba en ese punto. Pude haber redactado mejor las cosas, pero necesitaba establecer un curso claro. Algunas de las cosas que compartí eran intensas, pero pude comunicar la visión para el futuro y los límites que necesitaríamos para lograrlo. Esto creó algunos momentos incómodos, pero pudimos iniciar una conversación y avanzar partiendo de eso. Ese fue el primer paso para mantener las relaciones que Jenn y yo habíamos tenido en años con personas que amábamos y con quienes realmente creíamos que habíamos sido llamados a liderar.

Esa noche en la cabaña comenzó una nueva temporada. Decidí compartir lo que Dios estaba haciendo a través de Bethel Music, y no sería tan reservado con el equipo de liderazgo de la iglesia. Comenzaría a invertir más en las relaciones e intentaría no hacer suposiciones cuando estaba frustrado. Compartiría más sobre hacia dónde nos dirigíamos como comunidad de adoración. Se requirieron algunas conversaciones difíciles, pero las cosas mejoraron.

Sin embargo, cuando la presión parece disminuir, puedes engañarte a ti mismo haciéndote creer que tu mundo interno está bien. En ese entonces, no sabría cómo explicarlo, pero la verdad es que pasé muchos años enterrando mis sentimientos en un intento por controlar la presión y el estrés. No sabía que los sentimientos enterrados vivos, nunca mueren. Supuse que si no sentía ninguna frustración o dolor en el momento, entonces debía estar bien. No me di cuenta de que había áreas sin resolver de las cuales no estaba consciente. Llegarían nuevas oportunidades y, a medida que las cosas siguieran creciendo, esas áreas se verían agravadas por los nuevos desafíos que estaríamos enfrentando.

Algunas personas dicen que el tiempo sana todas las heridas. Ahora sé que el tiempo simplemente deja que las heridas se infecten.

ONCE

LIMPIANDO LOS ARBUSTOS DE ZARZAMORAS

* * *

Se sentía como un nuevo comienzo. Comenzamos a desarrollar más líderes y músicos. Y las cosas estaban mejor ahora que teníamos establecidos límites más saludables. Pero había patrones que había establecido durante años, hábitos y respuestas automáticas que no desaparecieron de la noche a la mañana.

A medida que nuestros itinerarios se volvieron más demandantes, las cosas se volvían agitadas, ocupadas y ruidosas. Con el aumento del ritmo de la vida, Jenn y yo necesitábamos un lugar tranquilo, un retiro para nosotros y nuestros hijos. Entonces, aunque amábamos nuestra casa, comenzamos a buscar una propiedad grande en donde pudiéramos tener una pequeña granja.

Durante meses, Jenn se adhirió a una rutina. Ella le abrochaba el cinturón del asiento del coche a Braden durante su siesta de la tarde y buscaba propiedades mientras él dormía. Buscó en Redding y sus alrededores, y durante uno de esos recorridos de la tarde, finalmente se topó con ella. Me llamó a la oficina y me dijo que había encontrado un lugar increíble al Este de la ciudad.

"Cariño, ¡la propiedad es increíble! Los árboles son asombrosos. Es como un jardín secreto", dijo. "Son ocho hectáreas y necesita algo de trabajo". Había una casa en ruinas en la propiedad, pero ella pensó que con algunas renovaciones podría ser justo lo que estábamos buscando.

Dejé lo que estaba haciendo, salté en mi camioneta y salí para ver la casa. Me estacioné en la entrada y Jenn me estaba esperando con Braden en su cadera, sonriendo. Me bajé de mi camioneta y comenzamos a explorar la propiedad.

La propiedad estaba cubierta de arbustos de zarzamoras, enredaderas y matorrales. La casa estaba completamente destruida, pero la tierra era hermosa y tenía mucho potencial. Por donde quiera que miraba, podía ver ciervos y pavos silvestres y me sentí avivado. Me emocioné al considerar la posibilidad de poder cazar en mi propiedad. No había nada que amara más que observar a los ciervos y cazar.

Y lo mejor de todo era que estaba a solo un par de millas de la iglesia. Jenn y yo siempre habíamos querido una pequeña granja, y al mirar a lo largo de la propiedad, sabíamos que era perfecta. Siempre habíamos soñado con tener un hogar donde pudiéramos tener noches de comunidad para nuestro equipo de alabanza y recibir amigos de todo el mundo. Sabíamos que eso era parte de lo que estábamos hechos para hacer. Podía verlo todo, nuestra comunidad, una pequeña granja con animales y suficiente espacio para que mis hijos corrieran y jugaran. Este era nuestro terreno de ensueño y lo supimos de inmediato. Teníamos que tenerlo.

Le pedí a un contratista que fuera y echara un vistazo, y caminamos por la casa. Hablamos de una remodelación y construir una ampliación. Tomaría algún tiempo, dijo, pero era factible. Salí de la reunión, fui a casa y hablé con Jenn. Parecía algo evidente. Lo íbamos a hacer.

Al día siguiente, les dije a nuestros familiares y amigos que íbamos a hacer una oferta en la propiedad y los invité a echar un vistazo. Nos siguieron a Jenn y a mí a la tierra, caminaron por la propiedad y echaron un vistazo a la casa. Podían ver el potencial de lo que queríamos construir, pero también compartían sus preocupaciones. "El lugar está muy deteriorado y la propiedad está excesivamente grande", dijeron.

Sabía que tomaría mucho trabajo, pero podía ver en qué se convertiría. Era un lugar especial. Hice a un lado sus preocupaciones, decidiendo que este sería el lugar donde construiríamos la casa de nuestros sueños. La semana siguiente, fuimos al banco y comenzamos el proceso de préstamo. A pesar de que tomó más de nueve meses concretar la transacción, finalmente adquirimos la propiedad.

A los pocos días después de cerrar el trato, el contratista comenzó a trabajar. Pasaron tres meses, y luego seis. El progreso fue lento y la remodelación de la casa estaba bastante retrasada y ya excedía el presupuesto. Nuevas facturas seguían llegando a pesar de que no podía ver realmente qué le habían hecho. Mi frustración estaba creciendo.

Durante la fase interminable de construcción, Jenn llegó a casa después de dirigir la adoración en una conferencia en Inglaterra. Cruzó la puerta, me dijo que me sentara en el sofá y comenzó a narrar la historia de una poderosa experiencia que había tenido después de una de las sesiones de adoración. Una mujer se había acercado a Jenn y le preguntó si podía orar por ella. Jenn estuvo de acuerdo, pensando que sería una oración rápida, pero en cambio, esta mujer desconocida la guió en una sesión de sanidad interior de dos horas.

Comenzó diciéndole a Jenn: "Siento que el Señor quiere hablarte acerca de los últimos siete años de tu vida". Ese era exactamente el tiempo que llevábamos manejando algunas de las cosas difíciles en el ministerio. Jenn sintió al Espíritu Santo y supo que Él estaba a punto de hablarle. Entonces ella hizo que Jenn le preguntara al Espíritu Santo: "¿Qué mentiras he estado creyendo?" Al instante, el Señor le habló a ella: "Has creído que no has amado bien, que no has guiado bien, porque si lo hicieras, nadie te dejaría". Jenn comenzó a llorar cuando esta mujer y el Espíritu Santo le mostraron que no era cierto. Ella ni siquiera se había dado cuenta de que estaba creyendo eso, pero tenía sentido y se sentía como algo verdadero.

Mientras oraban, la mujer habló directamente a situaciones particulares, de las cuales no podía haber tenido conocimiento, y guió a Jenn a examinar las áreas donde había guardado falta de perdón, falta de perdón que ni siquiera sabía que estaba ahí. Ella ayudó a Jenn a ver cómo a veces respondía desde el dolor y cómo ese dolor había influenciado algunas de sus relaciones. Jenn se arrepintió y soltó a esas personas en su corazón. Después, Jenn sintió que le habían quitado 23 kilos de encima y se dio cuenta que había estado cargando mucho equipaje extra, del cual ni siquiera tenía conocimiento.

Durante la oración, la mujer le habló a Jenn sobre mí. Preguntó por nuestra nueva casa, un detalle que Jenn no le había contado, y dijo que sentía que era una metáfora de mi vida interior. Jenn me pidió que la llamara lo antes posible porque ella esperaba que fuera tan impactante para mí como lo había sido para ella. "Podría ser esclarecedor", dijo ella.

Pasaron un par de días, y aunque no estaba realmente entusiasmado con la idea, accedí. Después de solo un timbre, una mujer con acento británico contestó el teléfono. Ella comenzó a contarme sobre su tiempo con Jenn. Ella sabía todo acerca de la casa, pero quería saber más de mí. Me preguntó cómo estaba conectada la propiedad con lo que estaba sucediendo en mi vida, y le dije que no estaba seguro.

Ella siguió insistiendo, pidiéndome que lo describiera, y le dije que las viñas estaban creciendo dentro de la casa porque no había estado habitada en más de dos años. La tierra estaba cubierta de hiedra venenosa y arbustos de zarzamoras, y mencioné que tratar de limpiar esas enredaderas y matorrales de la propiedad había sido un trabajo de tiempo completo. Pero incluso con todo eso, era un lugar especial. Y aunque otros no podían verlo, sabíamos que podíamos convertirlo en algo hermoso.

Preguntó por mi vida y compartí algunas de las luchas internas que acababan de salir a la luz. Volvió al tema de la propiedad y dijo que sentía que era una metáfora de lo que estaba sucediendo en mi vida con la tierra cubierta de matorrales, hiedra venenosa, arbustos de zarzamoras, brezos y enredaderas. Ella oró por las luchas internas y me alentó a involucrarme personalmente en lidiar con la maleza de la tierra. Ella sentía que era un acto profético que reflejaría el proceso que Dios iba a hacer en mi corazón.

A la mañana siguiente contraté un pequeño equipo. Comenzamos a sacar la hiedra venenosa, y después de algunas semanas de trabajo, nos movimos hacia los arbustos de zarzamoras. Creamos lo que parecían miles de pilas para ser quemadas en la propiedad, y el trabajo avanzaba lentamente, pero después de un año, el terreno comenzó a tomar forma. Había algo acerca de limpiar aquellas enredaderas y matorrales que se sentía terapéutico. Y pronto me ocuparía de las enredaderas de mi mundo interno.

Nuestra propiedad era por completo un sitio de construcción. Fue un gran cambio, y habíamos dejado una hermosa casa para vivir en medio de todo. Una mañana, cuando estábamos haciendo el desayuno en la cocina con los niños, ni siquiera podíamos oírnos hablar debido a la enorme sierra que cortaba la pared de la cocina. Al principio pudimos reírnos, y tuvimos días buenos y malos viviendo en medio de todo ese caos. Pero pasaron cuatro años, y aún la casa no estaba terminada. Los contratistas y los trabajadores estaban por toda nuestra propiedad y dentro de nuestra casa, y el proceso de permisos fue una pesadilla. La remodelación se prolongó y estábamos pagando mucho más de lo que originalmente esperábamos. Me habían dado tiempos de entrega y presupuestos, pero parecía que esas eran solo buenas ideas. La presión crecía y cada interacción comenzaba a sentirse como una pesadilla.

Gran parte de la casa estaba a medio terminar, y mientras inspeccionaba el trabajo, mi frustración continuaba creciendo. No teníamos una comunicación clara con respecto a dónde estábamos en el proyecto, cuándo podríamos esperar que se completara o cuál sería el costo final. Se sentía como si estuviera atrapado, pero no sabía qué hacer.

No teníamos ni idea de lo que era normal en la construcción, por lo que, casi al final de una de las fases de remodelación, llamé a mi amigo Jason, que es un constructor experimentado, y le pregunté si me ayudaría a gestionar el proyecto. Él accedió y condujo hacia la propiedad. Tuvo una conversación fuerte con el contratista; no se podría clavar otro clavo más hasta que Jason examinara la propiedad.

Jason me llamó mientras caminaba por la casa. "Las cosas no se estaban alineando", dijo. Necesitábamos un contrato, y le pregunté si él se podría encargar de él. Él aceptó. Pasaron pocos días y Jason entregó el contrato al contratista. Necesitaríamos una fecha de terminación, prueba de que el contratista estaba haciendo esfuerzos para recibir los permisos y un presupuesto fijo. Para cuando salió de la reunión, el contratista había firmado el contrato y había aceptado los términos. Las cosas volvieron a encarrilarse, pero la presión de vivir en una zona de construcción durante más de cuatro años definitivamente tuvo su efecto.

No fue solo el estrés laboral y el estrés con la remodelación del hogar. También contraté a un gestor financiero, y las cosas no iban bien. Cuando hablábamos, parecía sobre complicar todo, y siempre se disculpaba por no entregar los archivos esenciales. Había tantos errores y eso me puso muy nervioso. Sin saber qué hacer, contraté a otro asesor financiero y le pedí que revisara mis registros y me diera una evaluación de dónde me encontraba.

Se tardó algunos días en revisar los registros, y pronto se hizo evidente que las cosas no se estaban manejando como deberían, y que existían problemas potenciales importantes. Le pregunté qué debía hacer y él me sugirió que ordenara mis libros contables.

Le envié un correo electrónico muy claro a mi próximamente ex-gestor de finanzas y le dije que estaba terminando la relación. Al final del día, mis archivos fueron transferidos a una nueva firma, y a pesar de que se había evitado una crisis y aunque ahora tenía a alguien en mi esquina en quien podía confiar, la presión seguía acumulándose. Fue una tormenta perfecta, y para complicar más las cosas, las cuestiones con la casa y mi gestor financiero habían llegado a un punto crítico el mismo día. Sentí que estaba a punto de estallar.

Incluso en medio del caos personal, el equipo de Bethel Music se estaba estirando creativamente y la emoción crecía. Comenzamos a trabajar en un nuevo álbum, *Tides*, con la esperanza de continuar con el sonido acústico que habíamos desarrollado en *The Loft Sessions*. Pero a medida que trabajábamos en las canciones, la música dio un giro. En producción, nos encontramos a nosotros mismo buscando ir más allá del límite con el sonido, y como era un álbum de estudio, corrimos algunos riesgos musicales que no podíamos tomar en un escenario en vivo. La experimentación, como siempre, nos había retrasado.

Era un riesgo que estábamos dispuestos a asumir, pero aún no estaba del todo satisfecho con el sonido. Los productores estaban haciendo un trabajo increíble, pero sabía que podíamos hacerlo un poco mejor. Hay una línea delgada entre la excelencia y la perfección, y con frecuencia me movía de un lado al otro en esa línea. Quería que lo hicieran excelente, pero el estándar creó una presión intensa para todo el equipo. Y aunque me encantó el sonido que resultó del impulso por la excelencia, aún así tuvo un costo.

Lanzamos *Tides* y salimos de gira con el equipo. Nuestro flujo de efectivo iba mejor, pero el dinero todavía era muy limitado. Nos habíamos reunido con las compañías grandes de giras, pero nos dimos cuenta de que no podíamos costearlas. También se nos dijo varias veces que para tener éxito en las giras, tendríamos que estar viajando de cuatro a seis semanas seguidas. Tenía que haber una mejor y más saludable manera de estar de gira y cuidar a nuestras familias.

Así que, comenzamos un equipo interno de giras y eventos, y como siempre parecíamos hacer, nos pusimos hacendosos para hacer que las cosas despegaran. Joel realizaba varias funciones y era nuestro director de escenario, supervisaba a los voluntarios, reservaba los vuelos y manejaba la iluminación. Yo era el líder de la banda y trabajaba con nuestro ingeniero de sonido para afinarlo todo. Todos cooperaron, cargando y descargando los camiones y trabajando en la mesa de venta de mercancía. Fue emocionante pero agotador.

Teníamos amigos en la industria de la música y vimos de primera mano cómo la demanda de estar de viaje afectaba familias y matrimonios. Hicimos todo lo posible para proteger la familia, por lo que nos aseguramos de que nuestros artistas pudieran llevar al menos a algunos de sus familiares de gira sin incurrir en gastos adicionales.

Y mientras viajábamos juntos, nos acercamos mucho más como equipo. Nada une a la gente tanto como vivir juntos en un autobús las veinticuatro horas del día, siete días de la semana. Mientras viajábamos, algo increíble comenzó a suceder. Pude conocer mejor a nuestro equipo de artistas y músicos. Nos conectamos y fui capaz de ver lo que realmente los hacía sentirse vivos. En el pasado, yo hubiera evitado este tipo de conexión, pensando que sería demasiado demandante. Pero mientras viajábamos, me di cuenta de que todo el tiempo relacional no me agotaba como solía hacerlo. De hecho, me daba energía, y en ello, aprendí a amar nuestros viajes en autobús con el equipo y cómo nos unía aún más.

La gira, el éxito con la música, vino con su propio conjunto de presiones. Así como el sello, la distribución, las entradas y los gastos aumentaron, cada decisión se volvía más y más importante. Queríamos dejar espacio para aquello a lo que sentíamos que Dios nos estaba guiando, queríamos reinvertir en los lugares correctos, pero había muchas necesidades dentro del sello discográfico. Lo que alguna vez se había sentido como una pequeña tienda familiar se estaba convirtiendo en una máquina bien organizada.

En los primeros días de Bethel Music, estábamos más relajados y podíamos seguir el ritmo. Hicimos la mayoría de las cosas relacionalmente y nuestros acuerdos eran verbales. Pero a medida que el barco se hacía más grande, nos dimos cuenta de que necesitábamos ajustar nuestros procesos. Necesitábamos tomar decisiones difíciles sobre la música que producíamos y formalizar nuestras relaciones con contratos para que todos estuviéramos en la misma página y todos tuviéramos las mismas expectativas. Aprendimos algunas lecciones difíciles y cometimos errores, pero estábamos creciendo y aprendiendo.

Construimos una empresa de publicación de música y formamos equipos internos de diseño, marketing e ingeniería. Nuestro propio equipo interno de giras estaba manejando múltiples eventos en todo el mundo, en ocasiones simultáneamente, y estábamos construyendo nuestro propio estudio de grabación. Además, éramos responsables de la adoración de la iglesia, incluida nuestra creciente escuela de adoración y nuestra escuela de adoración en línea. No estaba solamente ocupado. Sucedían cosas asombrosas, pero no me daba abasto.

Siempre había estado muy entusiasmado con la composición de canciones y dirigir la adoración, pero ahora que formaba parte de la gestión de un sello musical, estaba cada vez más involucrado en los aspectos básicos del negocio. Cada mes se sentía como si estuviera asumiendo un nuevo rol en un día determinado.

A medida que mis responsabilidades crecieron, se hizo cada vez más difícil para mí hacer lo que más me apasionaba: escribir canciones de adoración. Constantemente ajustaba mi agenda y me tomaba tiempo para escribir. Escribir me mantenía con energía y emocionado, y las canciones salían con más frecuencia. Hice lo mejor que pude para seguir colaborando con otros artistas, y en mis ratos libres, ya sea en un semáforo, en la fila en la cafetería o en una reunión de negocios, le enviaba una idea en un mensaje de texto a un co-escritor. Ya sea que estuviera escribiendo con alguien de nuestro equipo o con un amigo de otro movimiento de adoración, casi siempre terminaba escribiendo el puente. Mirando en retrospectiva, es gracioso pero todo lo que realmente quería, era ser un puente en la comunidad de adoración y ese era a menudo el papel que jugaba en la composición de canciones.

En aquellos días, mantenía mi iPhone en el atril cuando dirigía la adoración. Descubrí que la mayoría de mis buenas ideas de canciones surgían cuando estábamos en la adoración, y quería poder grabarlas en el momento. Si llegaba un momento espontáneo, si sabía que había algo en él, me apartaba del micrófono, agarraba mi iPhone y tocaba la melodía para que no se perdiera. Luego volvía al micrófono y continuaba dirigiendo la adoración. Así fue como comenzó la canción "Forever".

Durante un momento espontáneo, un domingo por la mañana, obtuve una melodía y la canté en mi iPhone. Más tarde ese día se la toqué a Joel. Le contaba a él todas mis ideas porque parecía que él sabía cuándo una canción tenía el poder de quedarse. Le encantó, dijo que había algo en ella y sugirió escribir sobre eso.

Un año más tarde, Kari Jobe (ahora Kari Carnes) vino a escribir junto con Jenn y conmigo. Trabajamos en dos canciones, entre las cuales estaba

"Forever". Canté el coro, luego comencé a salir de la habitación cuando la oí tararear una melodía que me detuvo en seco. Le pedí que la cantara de nuevo y la grabé en mi teléfono. Lo supe cuando la escuché, esa era la melodía del verso.

No terminamos la canción mientras Kari estaba aquí, pero continuamos trabajando en ella durante los próximos meses. La canción estaba casi lista y fuimos al estudio para grabarla. Sin embargo, había un pequeño problema. Todavía no escribíamos toda la letra. Esperábamos encontrar la letra que faltaba, y mientras estábamos en el estudio, uno de los productores tuvo una idea para el verso de apertura: "La luna y las estrellas lloraron". Se sintió como si hubiera llegado de la nada, pero intentamos la frase. Tenía algo que de forma extraña funcionaba, y sabíamos que habíamos encontrado la letra que faltaba. Era justo lo que la canción necesitaba. Grabamos "Forever" solo unos minutos después de haberla terminado y fue bien nombrada ya que tardamos una eternidad en escribirla.

El domingo siguiente, guié la canción con Jenn en la iglesia, y cuando llegamos al final de la canción, Jenn comenzó a cantar de forma espontánea y sin haber ensayado.

Nosotros cantamos aleluya.
Nosotros cantamos aleluya.
Nosotros cantamos aleluya.
El cordero ha vencido.

Ella lo cantó una y otra vez, y todos sentimos el poder del momento. Y aunque pensamos que ya estaba terminada, quedó bastante claro que esto completaría la canción. Justo después del servicio llamé a los productores y les dije que desecharan la grabación. Necesitábamos volver a grabarlo con el nuevo puente.

Meses después, estábamos grabando otro álbum en vivo, *You Make Me Brave*, y Kari estaba preparada para dirigir una de las canciones del álbum. Pero antes de la prueba de sonido, Kari y yo cambiamos de planes y decidimos que ella intentara cantar "Forever" en su lugar. En medio de ella cantando la canción por primera vez, ella rompió en lágrimas. Escuchamos mientras ella cantaba con tanta emoción y autoridad, y se hizo evidente en ese momento. Esta era su canción.

Cuando ella cantó "Forever" durante la grabación en vivo, era solamente la segunda vez que la cantaba. "Forever" fue una canción que nació en la adoración, terminó en la adoración y se grabó en la adoración. A pesar de que fue un proceso muy largo, esta era la manera que yo quería para que las canciones cobraran vida. Dios fue una parte muy importante de todo el proceso, y yo no sabía cómo iba a desenvolverse.

A medida que Bethel Music se expandió, mantuvimos los ojos abiertos para encontrar artistas que sentíamos que Dios estaba resaltando. Muchos de nuestros artistas fueron descubiertos en nuestra escuela de adoración, pero algunos llegaron a través de nuestras giras y eventos. Pero por mucho que me encantaba encontrar nuevos artistas, lo que me mantenía en marcha era la escritura, la creación, la colaboración. Siempre estaba en búsqueda de personas que cargaran con el mismo corazón que nosotros, personas como Jonathan y Melissa Helser.

Mientras estábamos de gira, Jenn y yo nos conectamos con Jonathan y Melissa. Habíamos escuchado su álbum y era emotivo, puro, sin filtro, y podías sentir a Dios sobre él. Una noche, se unieron a nosotros detrás del escenario, donde hablamos durante lo que parecieron horas. Nos enamoramos de ellos, y les pregunté si volarían a Redding y explorarían co-escribir. Semanas más tarde, los cuatro nos sentamos en la mesa de la cocina para hablar del impacto que una canción podría tener en la iglesia. Querían lo mismo que nosotros queríamos, formar una comunidad de adoradores y cambiar el mundo a través de las canciones. Mientras escuchaba su visión, les dije que la iglesia necesitaba lo que ellos cargaban, lo cual era un enfoque puro y apasionado de la adoración. La gente necesitaba escuchar su música.

Habíamos empezado a trabajar en otro álbum recopilatorio, *We Will Not Be Shaken*. Era un proyecto que habíamos querido grabar en vivo en la cima de una montaña con vista a Redding. Queríamos que el álbum capturara nuestra comunidad, de manera similar a lo que habíamos hecho con *The Loft Sessions*. Pero cuando le dijimos al equipo de producción dónde queríamos grabar, nos dijeron que iba a ser mucho más trabajo del que esperábamos, y sería difícil capturarlo en la cima de una montaña. Había muchas incógnitas. Fue una idea loca, pero también sabíamos que sería increíble si pudiéramos lograrlo. Así que decidimos ir por ello.

Todavía estábamos seleccionando canciones para el álbum cuando los Helsers nos enviaron un par de canciones sin terminar. Una era un demo que tenía un verso a medio escribir y un coro poderoso: "Ya no soy un esclavo del temor. Soy un hijo de Dios". Lo escuché y supe que tenían que grabar esta canción para el álbum. Pero como "Forever", no estaba terminada.

Me senté con la canción por unas horas y encontré una melodía para el puente. Lo envié a los Helsers y comenzamos a intercambiar ideas para la letra. Trabajamos la canción hasta el último minuto, al igual que hicimos con muchas otras canciones. Estábamos llegando al último minuto, pero veinte minutos antes de la grabación, la terminamos. Entramos y la grabamos, y podías sentir el poder en la canción. Desde el principio, supimos que tenía algo especial. Realmente conectó con la gente y trajo mucha transformación.

A pesar de ser días saturados y complicados, eran buenos. Estaba balanceando tantas cosas: las premuras de escribir y producir nuevas canciones, la presión de construir un ministerio, las dinámicas cambiantes del equipo, la remodelación de nuestra casa, criar una familia, administrar situaciones para las cuales no teníamos respuestas, liderar un equipo de más de cien miembros del equipo de adoración y descubrir mi papel en medio de todo esto. Pero mientras siguiera escribiendo, no podía ver los efectos de la tensión y la presión. Siempre pensé que una vez que sobrepasara la siguiente cosa, la presión disminuiría. Pero nunca dejaron de llegar más cosas. Las victorias no disminuyen la presión. La alegría que obtenía de mi familia no solucionaba los problemas no resueltos. La presión te alcanza y, si no lidias con ella, eventualmente explotarás.

DOCE

CONDUCIENDO A CASA

* * *

Estábamos en medio del otoño, meses después de haber comenzado mi crisis y aún así cada día era una batalla constante. Eliminé todo aquello que no había eliminado todavía, pero el pánico seguía ahí conmigo, justo debajo de la superficie. Necesitaba mi medicamento para la ansiedad solo para sobrepasar cada día, y aunque me mantenía cuerdo, también me causaba adormecimiento.

Jenn estaba agotada echándome la mano. Ella se encargó de los niños en esos meses. Ella los despertaba, los alimentaba, los llevaba a la escuela, los disciplinaba, los acostaba por la noche y todo lo demás. Pero ella no solo estaba cubriéndome en casa. También me estaba cubriendo en la oficina. Asistía a todas las reuniones, se reunía con Joel para ayudar a tomar decisiones sobre el sello, viajaba por el ministerio y dirigía el equipo de adoración. Me sorprendió lo fuerte que era ella, pero aún así estaba agotada, y al final de cada noche, caía en la cama, exhausta.

Una tarde, ella cayó al suelo y comenzó a sollozar ante Dios porque ya no podía seguir haciendo esto. Ella escuchó a Dios que le daba el versículo de Lamentaciones 3:28: "Cuando la vida se vuelva pesada y difícil de afrontar, vete solo. Entra en el silencio. Póstrate en oración. No hagas preguntas.

Espera a que aparezca la esperanza. No huyas de los problemas. Afróntalos. Lo peor nunca es lo peor". Ella se aferró a eso como a una cuerda de salvamento; iba a estar bien. Pero ella se estaba quedando sin gasolina y necesitaba un descanso. Más que nada, necesitábamos un descanso juntos. Necesitábamos reconectarnos.

Jenn se acercó a mí y me dijo: "Vamos a Napa por unos días. Tal vez escapar sea bueno para ti, bueno para ambos".

Fue una gran idea. Napa era nuestro refugio, el lugar al que íbamos a relajarnos. Estaba a tan solo tres horas de Redding, y con excelente comida y belleza, era absolutamente uno de nuestros lugares favoritos. Tal vez sería bueno para nosotros alejarnos y reconectarnos, pensé. Alejarme de mi rutina me puede dar un poco de alivio. Pero incluso mientras consideraba el viaje, me preguntaba si podría hacerlo sin tener un ataque de pánico. Recordé el viaje de caza a Pensilvania tan solo un par de semanas antes. Pensé que ese viaje sería bueno para mí, pero nunca me imaginé cómo sería.

Semanas antes de que Jenn sugiriera un viaje a Napa, viajé al este con mi amigo Sean Feucht y mi suegro, Ron, en un viaje de caza de venado cola blanca. Habíamos planeado el viaje mucho antes de que comenzara mi crisis, y aunque las cosas habían cambiado, no quería perdérmelo. Quería hacer algo que me hiciera sentir normal, algo que amara y que me ayudara a distraerme del pánico de los meses pasados.

Los tres empacamos nuestros arcos y nos dirigimos al aeropuerto. En el coche hablamos y la llevamos con calma. Pero mientras caminaba hacia los escalones del avión, pude sentir que el temor comenzaba a aumentar a mi alrededor. Traté de sacudírmelo y estaba determinado a continuar como si nada estuviera sucediendo.

Pero mientras caminaba por el pasillo y me dirigía a mi asiento, esos sentimientos desagradables pero familiares de pánico estaban ahí conmigo.

Me volteé hacia Ron, conversando con él con la esperanza de evitar lo inevitable, pero nada cambió. Pasaron unos minutos, sin embargo, no había escuchado ni una sola palabra de lo que había dicho. Hice lo mejor que pude para ocultarlo, pero fue inútil. Ron sabía lo que estaba sucediendo en mi vida, sabía el nivel de pánico con el que estaba luchando, así que finalmente le dije que realmente estaba luchando. Me disculpé, metí la mano en mi bolso y tomé dos pastillas. Sabía que esto no iba a terminar bien sin ayuda. Me las tragué, me recosté en el asiento y cerré mis ojos.

Logré pasar ambos vuelos bastante sedado. Cuando finalmente llegamos a Pensilvania, estaba desanimado. Esta temporada no cedía, y me preguntaba si me robaría todo, incluso la alegría que obtenía al cazar.

Dormí toda la noche y me desperté temprano a la mañana siguiente, emocionado por el primer día de caza. Era una de las pocas cosas normales que había hecho en meses y había decidido que el pánico y la ansiedad no lo arruinarían. Lo iba a disfrutar, pasara lo que pasara. Y por un rato lo hice.

En ese primer día, mientras estaba sentado en la plataforma de caza, me sentí más como yo mismo de lo que me había sentido en meses. Fue un pequeño rayo de esperanza. El segundo día fue como el primero; me sentí casi normal. Pero cuando me senté en la plataforma de caza la última tarde del viaje, y el sol comenzó a ponerse, sentí el agotamiento. Y este no era el tipo normal de cansancio que a veces se siente al final de un largo día. Fue un agotamiento profundo, el tipo de agotamiento que es más que físico. Me arrastré de regreso al lugar de hospedaje y mientras lo hacía, el agotamiento creció. Cuando finalmente vi el lugar de hospedaje justo al otro lado de la colina, mi mente comenzó a jugar juegos conmigo. Podía sentir la inquietud que a menudo venía antes de la ansiedad y el pánico.

Caminé por la puerta principal, fui directamente a mi habitación y llamé a Jenn, esperando que una conversación con ella pudiera calmar mis nervios. Traté de tener una pequeña conversación, preguntando cómo había estado su día. Sin embargo, ella podía escucharlo en el sonido de mi voz y sabía que algo estaba mal. "¿Estás bien, bebé?" Preguntó ella. Intenté reponerme, intenté no llorar, pero no sirvió de nada. Con lágrimas, le dije que se sentía como si me estuviera desmoronando otra vez.

El equipo de adoración estaba en la casa en una reunión, dijo Jenn, y les pediría que comenzaran a orar. Más tarde descubrí que el equipo se reunió y oró por mí durante horas. La mayor parte del equipo oró por mí en sus casas durante la noche. El poder de una comunidad de oración nunca debe ser subestimado.

Le dije que la amaba, colgué el teléfono y me volví hacia la puerta. Ron y Sean estaban ahí de pie, esperando. Me habían escuchado sollozar, sabían que algo estaba mal y entraron a mi habitación. "El pánico está sobre mí", le dije, y no podía respirar. Y tan pronto como dije las palabras, caí completamente en crisis. Me arrodillé al borde de la piecera de la cama y comencé a temblar. Enterré mi cabeza en mis brazos, estallé en un sudor frío y cerré los ojos, tratando de alejar el pánico. Era otra grande. Me estaba desmoronando y sabía que necesitaba atención médica.

"Tengo que ir al hospital", les dije. "Por favor".

"El hospital más cercano está a más de una hora de distancia. Siento que se supone que debemos superar esto sin los médicos. Vamos a superar esto juntos", dijo Ron. Él habló con autoridad y puso sus manos en mis hombros y oró mientras Sean agarraba su guitarra y comenzaba a tocar y cantar música de adoración sobre mí. Me gustaría decir que la ansiedad desapareció en el momento en que comenzaron a tocar, pero no fue así. De hecho, se multiplicó. Y cuando mi respiración se hizo más corta y mi corazón palpitaba más fuerte, les rogué que me llevaran al hospital. Aún así, no lo hicieron.

Siguieron con más intensidad en oración y adoración mientras yo estaba arrodillado en el suelo. Cerré los ojos con más fuerza y busqué el primer signo de alivio, y después de lo que parecieron como quince minutos, el pánico comenzó a disminuir. Todavía estaba ahí, presionando mi pecho, pero comencé a percatarme más de las oraciones de Ron y la adoración de Sean. Nunca cesaron. Estuvieron conmigo durante todo esto. Les estaba más que agradecido a ambos.

Mi cuerpo ya no temblaba, y finalmente saqué mi cabeza de entre mis brazos. La paz se apoderó de mí. Miré a Ron y Sean y les agradecí por ayudarme a evitar otro viaje al hospital y quedarse pegados a mí. Me metí en la cama y en cuestión de minutos me quedé dormido.

A la mañana siguiente, mientras empacábamos para ir a casa, comenzamos a hablar de lo intensa que había sido la noche anterior.

"Hermano, anoche fue una locura", dijo Sean.

Le dije a Sean de nuevo lo agradecido que estaba. "Fue un momento en el que la adoración era lo único que podía atravesar el tormento y traer alivio".

Sean estuvo de acuerdo, pero luego dijo: "Sí, pero seguro que duró más de un momento".

"No entiendo", le dije. "Mi ataque de pánico fue de tan solo quince minutos".

Él sonrió y negó con la cabeza.

"No, hermano", dijo. "Toqué sobre ti hasta las tres de la mañana, hasta que finalmente te dormiste".

¿Me había perdido en el pánico durante horas? ¿Cómo es que Ron y Sean se quedaron despiertos conmigo todo ese tiempo? Me cargaron a través de una de las noches más oscuras y hasta la mañana siguiente, tal como lo había hecho mi papá tantas veces hace tantos años.

Regresamos a Redding y cuando llegué a mi casa, caminé por la propiedad. Los equipos de construcción estaban por todas partes y los sonidos normales de nuestros niños fueron instantáneamente demasiado para mí. El ataque me abrió los ojos, y lo vi, la medicina no me estaba curando; no podía curarme. Las cosas no estaban mejorando, y no podía vislumbrar un final. La desesperanza cayó sobre mí como una manta. Comprendí cómo alguien podría no ver otra opción más que recurrir a las drogas o el alcohol o cualquier cosa para adormecer su dolor. Vi cómo vivir en tal caos y tormento podría llevar a alguien a creer que no tenía más opciones, cómo podría llevar a alguien a quitarse la vida.

En ese momento de calma, bajo todo ese peso, estaba más convencido que nunca de que Dios era mi única opción y que iba a superar esto.

Sabía que Dios me sacaría de esta temporada. No sabía cómo, pero algo tenía que cambiar.

Apenas dos semanas después del viaje de cacería, Jenn y yo decidimos dirigirnos a Napa. Fue una buena idea, le dije, a pesar de que tenía algo de aprensión. Empacamos nuestras maletas y dejamos a los niños con sus abuelos durante el fin de semana. Serían dos días solos juntos en nuestro lugar favorito con comida increíble.

Tuvimos un gran viaje de camino y fue muy agradable simplemente estar juntos. Nos detuvimos en uno de nuestros hoteles favoritos y nos bajamos del auto. Era un lugar familiar donde siempre veníamos a descomprimirnos y pasar tiempo juntos. Pero incluso mientras caminaba en el hotel, podía sentir la presión, y ahí fue cuando lo supe: no habría paz en este viaje.

Pasamos la primera tarde en uno de nuestros restaurantes favoritos. Intenté ignorar todo y tener una comida normal, pero fue inútil. Hice lo mejor que pude para relajarme, para mantener todo tranquilo, pero no pude detener el caos en mi mente y mis emociones. Luché para controlar mis emociones, solo para pasar de un momento al que sigue. Pero después de batallar durante la cena, Jenn se inclinó sobre la mesa, tomó mi mano y dijo: "Salgamos de aquí".

Regresamos al hotel y tratamos de ver una película, pero la ansiedad era demasiada. El sueño no entró a la habitación del hotel esa noche, y terminé caminando de un lado a otro hasta la mañana. Jenn se quedó despierta conmigo, me dijo que podía sentir la ansiedad en la habitación. Ella oró por mí y me aseguró que estaría bien y que iba a superar esto. Cada vez que me despertaba en la noche, ella se levantaba conmigo y no se dormía hasta que yo lo hubiera hecho. Más tarde me dijo que había experimentado mi pánico de una manera completamente nueva. Y tan pesada como había sido nuestra primera noche en Napa, la segunda noche no fue diferente.

Para la mañana del segundo día, la falta de sueño nos había afectado a los dos. Estábamos exhaustos, nos movíamos lentamente y estábamos atontados; ambos sabíamos que no encontraríamos la paz que esperábamos. Decidimos acortar el viaje y volver a casa. Empacamos nuestras maletas, subimos las cosas al auto y salimos para Redding.

Los dos estábamos decepcionados y frustrados por cómo había sido el viaje. No era la escapada que habíamos planeado para reconectarnos. Nos quedamos en silencio durante la primera parte del trayecto. Ninguno de los dos quería decir en voz alta la falta de esperanza que ambos estábamos sintiendo. Lo habíamos intentado todo, y nada estaba cambiando. Yo estaba atrapado en mí mismo, desesperado por respuestas, y en ese momento sentí que estaba empeorando.

Jenn rompió el silencio primero. Ella dijo que no se había dado cuenta de lo mala que podía ser mi ansiedad en la noche, y le dije que eso era porque intentaba no despertarla cuando la sentía. Ella ya estaba cargando con gran parte de la responsabilidad, y no quería molestarla con una cosa más en la noche. Estar en esa pequeña habitación de hotel le había dado una idea de lo complicado que era en realidad.

Mis pensamientos se sintieron pesados mientras conducíamos en silencio durante unos minutos más. Jenn volvió a la conversación. Ella comenzó a preguntarme sobre cosas que me habían causado dolor en el pasado. Habíamos hablado de momentos en los que me habían lastimado antes, y pensé que había procesado por completo las frustraciones y las emociones. Creo en la sanidad interior y estaba seguro de que había lidiado con cualquier área de falta de perdón. Pero este momento era diferente. Me habían acorralado en una esquina, y finalmente eso me permitió ver mi pasado bajo una nueva luz.

No estaba sintiendo al Señor, pero aún podía sentir que este era un momento significativo. Había una gracia que vino sobre Jenn, y ella me guió a través de una profunda sanidad interior. Ella me pidió que le pidiera al Espíritu Santo que me recordara el nombre de alguien a quien necesitaba perdonar. Tan pronto como ella hizo la pregunta, los nombres comenzaron a venir a mí y los pronuncié en voz alta. Algunos de los nombres eran obvios, nombres que hubiera esperado porque eran personas con las que había tenido conflictos en el pasado. Otros eran nombres que nunca hubiera pensado, nombres relacionados con lo que parecían pequeñas ofensas, pero me di cuenta de que tenía que perdonarlos.

Jenn siguió insistiendo, y mientras lo hacía, dirigía oraciones y me pedía que repitiera después de ella. Ella me llevó a confesar conflictos no resueltos, rencores invisibles y amarguras ocultas en mi corazón. Finalmente vi el dolor que no sabía que estaba ahí, y cuando lo hice, pude ver que todavía había perdón que tenía que suceder. Había situaciones que ahora podía ver con tanta claridad, áreas en las cuales no sabía que me habían lastimado y que tenía que soltarlos.

Cuando comencé a confesar esta amargura, mientras mencionaba los nombres en voz alta, vi mi propia parte en algunos de los líos. Había tomado pequeñas decisiones, hice cosas que en ese momento me habían parecido intrascendentes. Había fallado en comunicar o había evitado el conflicto completamente. Comencé a ver cuánto importaban estas cosas. Las cosas que barrí debajo de la alfombra fueron intensificadas y eran resaltadas mientras orábamos, y pude ver cómo Dios me estaba mostrando cuán importantes eran para él.

Pensé que ignorar los sentimientos era la mejor opción, pero ahora podía ver que me había llevado a una crisis. Esas acciones habían afectado mi relación con los demás, conmigo mismo y con Dios, y ahora Dios me estaba guiando para hacer lo correcto.

Jenn me preguntó sobre los pensamientos aleatorios y oscuros que ella tenía, la gente y las situaciones de mi pasado, y luego me preguntó cómo esa palabra me hacía sentir. Cada pensamiento tenía un significado y seguíamos el camino que nos marcaba ese pensamiento aparentemente aleatorio. Siempre fue significativo y poderoso y me llevaba a un lugar donde entendía cuánto perdón se necesitaba.

La amargura y la falta de perdón no eran nada más que pecado, y necesitaba arrepentirme por ello. Si iba a llegar al otro lado de esta crisis, no podía aferrarme a ninguna forma de falta de perdón. Lo confesé todo y decidí vivir de una manera diferente; y en ese compromiso sentí un verdadero sentido de esperanza. Se sentía como si mi alma estuviera limpia. Dios había usado esta experiencia para preparar mi corazón para encontrarlo a Él de una manera completamente nueva.

Conforme la ansiedad disminuía, sentía una nueva libertad. Seguimos hablando durante el resto del viaje, y el estado de ánimo en el coche se hizo más ligero. Dios había venido a mí en mi hora más oscura de necesidad, y una nueva paz se estaba afianzando. No estaba seguro de cómo mantendría esta paz, pero estaba sobrecogido con una sensación de que necesitaba entregarme a la Palabra de Dios.

Cuando nos estacionamos en la casa, supe que el Señor quería que mi vida devocional cambiara de manera importante. Había un profundo conocimiento de que esto sería crucial para mi sanidad. Decidí entregarle completamente esta próxima temporada a Dios y apartar tiempo para buscar Su

Palabra. Incluso cuando hice el compromiso, sabía que sería la clave no solo para mejorar, sino también para mantenerme bien. Iba a rendir mi vida de una manera en la que no lo había hecho hasta este punto, y eso haría toda la diferencia.

Cuando entré en la casa con Jenn, supe que algo había cambiado. La ansiedad seguía ahí, pero no era tan fuerte. Y aunque sentía que el pánico podía volver, la sensación de desesperanza había desaparecido. Tenía nueva claridad. Encontré la luz al final del túnel. Había un entendimiento en ese momento. La guerra había sido ganada a pesar de que la batalla todavía estaba siendo peleada.

Tomé un respiro profundo, más profundo que el que había tomado en meses. Miré a Jenn y empecé a llorar. Ella también estaba llorando. Ambos lo sabíamos, íbamos a ganar.

Todo cambió en ese viaje de regreso de Napa. Siempre había sabido el valor de pasar tiempo con Dios y ese tiempo en Su Palabra fue importante, pero Dios lo había dejado claro: Su Palabra me restauraría y renovaría mi mente. Ya no era solo una buena idea o principio. Era el eslabón perdido, lo que necesitaba para sanarme y la única opción que traería estabilidad a mi vida.

En mi desesperación, llegué al punto en donde nada funcionaba, ni medicamentos, ni menos trabajo, ni viajes de cacería, ni tiempo con Jenn. No tenía otra opción que rendirme por completo a Dios, y Él tuvo un encuentro conmigo cuando estaba en mi punto más oscuro. Él evitó que volviera a caer en ese pozo y me hundiera aún más profundamente. Me di cuenta de esta verdad: considera como un regalo cuando Dios se convierte en tu única opción.

TRECE

LA RENDICIÓN DIARIA

* * *

Ese trayecto a casa me dio un nuevo coraje y convicción para sobrepasar mi dolor. Aunque sabía que Dios no me había dado el pánico, me di cuenta de que Él quería hacer algo a través de este. ¿Cómo funcionaba todo? No podía decirlo y tampoco podía resolver la tensión y el misterio detrás de todo esto. Pero sabía que Dios estaba haciendo algo y no iba a luchar más en contra de ello. No iba a tratar de adormecer mi pánico. Iba a soltarlo, a rendirme, y a confiar hacia donde Dios me estaba guiando.

Tenía una esperanza nueva y esa noche hice un plan. Puse mi alarma a las 5:15 a.m. de la mañana siguiente. Dormí profundamente esa noche y cuando la alarma me despertó, estaba listo para comenzar el día. Me levanté y me dirigí a mi silla de cuero. Recientemente me habían dado la Biblia con traducción la Pasión y decidí usar esta versión. Quería comenzar con una copia nueva que tenía páginas sin marcar para traer una perspectiva nueva.

Al pasar las páginas, me preguntaba qué capítulos y versículos debería leer primero esa mañana. Incluso cuando comencé, sentí que Dios me recordaba que mi vida devocional iba a tener un aspecto diferente al que tenía antes y no tenía que preocuparme por leer un cierto número de versículos o capítulos. No había ninguna meta, sino pasar tiempo con Él, no había otra agenda más que la conexión.

Iba a desacelerar todas las cosas de manera significativa. No estaba en una carrera y tenía que dejar que cada palabra entrara en mi espíritu. Fui al libro de Juan y empecé a tomar cada palabra muy lentamente. Mientras estaba leyendo, las palabras saltaron de la página y supe que había una gracia para esta temporada. Sentí una cercanía con Dios. Él estaba cerca y esta era la dirección que debía tomar. Estaba completamente contento de caer en esta temporada de conexión y búsqueda llena de paz. Era inexplicable, pero sabía que estaba en el camino correcto.

No estaba tratando de conseguir nada y no se trataba de lograr algo. En esos momentos, no tenía ningún deseo de tratar de lograr nada. Sentía que solo éramos Dios y yo, y estaba experimentando como sería en el cielo. Soy una persona tan orientada a las metas que mi tiempo devocional se había convertido más en tiempo de cantidad que en tiempo de calidad. Pero ahora había una manera despreocupada en la que podía tener un tiempo de acercamiento con Dios.

Medité en las palabras y me quedé en esa silla hasta que los niños entraron en la cocina tan solo un par de horas más tarde. Caminé hacia la máquina de café exprés para hacerle un café a Jenn. Cuando ella entró en la cocina, le conté lo que había experimentado y pude ver que ella estaba tan esperanzada como yo.

Ese día no tenía nada que hacer, así que trabajé mayormente en la casa. Me lo tomé con calma y, conforme pasaba el día, mantuve mi mente fija en las palabras que Dios me había dado. Una vez que los niños estaban dormidos, me metí en la cama esa noche y me di cuenta de que había pasado un día sin preocuparme ni una vez en caer en un ataque de pánico. Y aunque no podía decir que la amenaza de ansiedad no estaba presente, el pánico no había ganado. Podía citar el pasaje en las escrituras sobre la renovación de la mente a través de la Palabra, pero en este caso realmente lo estaba experimentando. Finalmente, el pánico no tenía la ventaja y para mí fue una gran victoria personal.

La alarma me despertó a las 5:15 a.m. la mañana siguiente y salí de la cama emocionado para ver a dónde me llevaría Dios. Sentí su cercanía. Abrí mi Biblia, y de nuevo las palabras saltaron de la página. Dios me estaba dando exactamente lo que necesitaba para el día mientras meditaba en los versículos y dejaba que me penetraran. Sabía que Dios me estaba diciendo que esto era exactamente de lo que se trataba esta temporada. Estaba en la voluntad de Dios y sentía una paz que era tan poderosa incluso con la presencia del pánico. La paz en el pánico es difícil de imaginar, pero estaba ahí, y la habilidad de rendirse a la voluntad de Dios es tan simple cuando estás experimentando esa paz.

Estaba aprendiendo lo que realmente significaba rendirse en un nuevo nivel. A medida que avanzaba el día, pensé en el próximo año y pude sentir al Señor recordándome que permaneciera presente en el momento. Me pedía que no pensara en el próximo año, el próximo mes o incluso el día siguiente. Él me había dado suficiente gracia solo para hoy. Me senté en esa verdad, y pude sentir la paz que vino a mí cuando me enfoqué en vivir plenamente el momento en el que estaba.

Mañana tras mañana, tuve la misma experiencia. Me sentaba en mi silla de cuero y continuaba donde me había quedado el día anterior y comenzaba a leer. Era una experiencia surrealista. Dios me estaba dando las palabras que necesitaba para el día que se desenvolvía. Y con esas palabras venía una gracia y una paz inexplicables. La Palabra estaba viva. Dios me estaba preparando para ser completamente exitoso cada día a través de mi tiempo devocional. No importaba dónde había dejado de leer el día anterior; lo que estaba leyendo cada mañana era exactamente lo que necesitaba para el día. Y al acostarme cada noche, podía mirar atrás y ver cuán fiel había sido Dios.

Reflexioné sobre los años que había vivido de las grandes palabras proféticas sobre mi vida que hablaban de los próximos meses y años venideros. Pero a medida que experimentaba a diario este nuevo estilo de vida, podía ver cómo las semanas, los meses y los años de una vida victoriosa comenzaban primero a través de recibir diariamente. Dios me estaba recordando la verdad en la oración del Señor: danos hoy nuestro pan de *cada día*. Me di cuenta de que muy a menudo quiero pan semanal, mensual o anual. Pero vivir solo para el futuro me había robado la gracia de vivir bien cada día.

Conforme avanzaba la semana, permanecía con el mismo ritmo, y cada mañana, Dios me llevaba a los lugares exactos de la Palabra que necesitaba para ese día. Era diferente cada vez. A veces era un versículo; a veces era un tema; a veces solo era un sentimiento. No se trataba de hacerlo de una manera determinada, una fórmula. Se trataba de la constante inversión diaria en tiempo y relación.

Por primera vez en meses supe que estaba venciendo y superando la ansiedad. Tenía una claridad mental que no había sentido en meses. Y aunque todavía estaba tomando el medicamento para la ansiedad, ya no quería que formara parte de mi vida y no tenía miedo de explorar lo que se necesitaría para dejar el medicamento. Ya no quería necesitarlo.

Al final de la primera semana, programé una cita con el médico y a la semana siguiente, estaba sentado en su oficina. Le conté cómo había tenido un gran avance y quería dejar el medicamento lo antes posible. Ella escuchó, y cuando terminé de contarle sobre mi experiencia en Napa, me dijo: "Tuviste una crisis mental, y hasta ahora, no le habías estado dando a tu mente lo que necesita para sanarse sola. Parece que Dios ha intervenido y ha hecho algo. Pero aún así, tendrás que tomarte las cosas con calma".

Ella revisó mis medicamentos y dosis. "Lo que está tomando es benzodiazepina", dijo ella, "un medicamento recetado a quienes padecen trastornos de ansiedad, pánico grave y fobias irracionales. Se administra para calmar los nervios antes de la cirugía, para evitar que los pacientes resistan la anestesia general. Es un medicamento hecho a la medida para contener una crisis. Pero como cualquier otra benzodiazepina, también es una droga conocida por conducir a la dependencia física, el abuso y la adicción. Esta es una de las benzodiacepinas más potentes y las personas que la toman regularmente pueden desarrollar una mayor tolerancia a ella. Con esa mayor tolerancia a menudo viene un aumento en la dosis, en su mayoría auto-prescrita".

Eso describía completamente mi experiencia. Cuanto más tiempo la había tomado, más tenía que tomar para reprimir el pánico. Hizo una pausa, me dejó procesar en mi mente toda esa información y luego continuó.

Ella me dijo que sería difícil, pero yo podía hacerlo. No podría quitármelo de un jalón, o de lo contrario había riesgo de síntomas de abstinencia. Si no lo hacía bien, los ataques de pánico podrían volverse más fuertes que nunca. Tuve que tomarme mi tiempo.

Estuve de acuerdo, y ella me explicó un plan para comenzar a reducir los medicamentos. Ella me recetó algo nuevo, algo menos adictivo que ayudaría a mantener alejada la ansiedad conforme dejaba de tomar mi medicamento. Tomé la receta y el plan, y salí de la oficina con esperanza.

Comencé a reducir mis medicamentos lentamente. Todavía podía sentir los efectos de la medicina, pero algo había cambiado. El pánico no me esperaba a la vuelta de cada esquina y mi mundo ya no se me estaba cerrando.

Kris Vallotton vino a verme. Compartió cómo había superado su propia crisis hace casi una década. Él había leído un libro y le había sido de gran ayuda. Me entregó una copia de *Panic to Power*, de Lucinda Bassett, y le agradecí y le dije que lo leería.

No era un libro de auto ayuda escrito por alguien que intenta convencerte de que superes tu pánico con solo gozo o gratitud. En cambio, está basado en realidades científicas de un ataque de pánico, lo que realmente sucede cuando llega la ansiedad y una persona se siente fuera de control. Bassett compartió cómo el pánico es realmente la forma en que tu cerebro trata de proteger al cuerpo de un daño a largo plazo. Era una forma de calmar al cuerpo para que las emociones puedan ponerse al día. Mientras leía, comencé a entender. Yo no estaba dañado. De hecho, mi cuerpo estaba haciendo exactamente lo que se suponía que debía hacer. Estaba tratando de enviarme un mensaje.

Solo necesitaba escuchar a mi cuerpo, disminuir la velocidad y permitir que Dios estableciera mi ritmo tal como lo había estado haciendo en mis devocionales de la mañana. Y esa comprensión trajo mucho consuelo. Lo que Dios me había hablado, disminuye la velocidad porque solo te he dado la gracia que necesitas para hoy, fue confirmado por la ciencia. Dios sabía exactamente lo que mi cuerpo necesitaba y me había dado información para confirmarlo.

Estaba sentado en mi sala viendo la televisión esa noche cuando el terror comenzó a treparse. Yo quería correr a la cocina y tomar una pastilla para adormecer el pánico. Pero sabía que en vez de eso, necesitaba ceder ante el temor.

Me acosté en medio de la sala con los brazos y las piernas extendidas y cerré los ojos. Era la cosa más vulnerable que podía pensar hacer. Era lo que más temía en ese momento, estar tan expuesto. Sentí que el pánico comenzó a acercarse y todo en mí quería tomar otra píldora y hacer que se detuviera. Sin embargo, reconocí esa ansiedad por lo que era, el mecanismo de defensa de mi cuerpo y sabía que estaba tratando de enviarme un mensaje.

Ve más despacio. No corras. Escucha.

Fue un momento significativo, un momento para que Dios hiciera lo que solo Él puede hacer. A pesar de que el pánico me envolvió en oleadas y amenazó con hundirme, me quedé en el suelo. Me repetía a mí mismo que el pánico terminaría, mi cuerpo no podía seguir produciendo estos químicos inductores de pánico para siempre. Me recordé a mí mismo que Dios estaría a mi lado para ayudarme a salir de esto y eso fue lo que Él hizo. Cuando pensé que no podía soportarlo más, lo sentí llegar, estabilizándome y trayendo su paz. Después de pocos minutos, el pánico pasó y estuve en paz. Era una victoria que necesitaba, una que llegó solo cuando me acomodé en el momento con Dios. Estaba en el camino hacia la recuperación.

Mantuve mi crisis nerviosa relativamente tranquila. Lo había compartido con algunos amigos cercanos, pero ahora sentía que era hora de compartir lo que estaba sucediendo en mi vida con el equipo de adoración y el personal del sello. En nuestra próxima noche de comunidad con nuestro equipo de adoración, compartí lo que había estado sucediendo durante los últimos meses. Estaba bastante emocional y lloré durante toda la reunión. Me sentí tan vulnerable y desnudo cuando compartía lo aterrador y poderoso que era estar en un lugar donde Dios se convierte en tu única opción. Les pedí sus oraciones mientras continuaba con mi sanidad. Sabía que invitar en esto a la comunidad era crucial en este punto. Jenn y yo queríamos la fuerza de sus oraciones para darnos fuerza durante esta temporada.

Ese momento de vulnerabilidad fue un hito para todo nuestro equipo. Pudimos reconectarnos con el por qué estábamos haciendo lo que estábamos haciendo: la Presencia de Dios. Habíamos estado haciendo cosas buenas y creciendo como un equipo; habíamos tenido tanto impulso. Pero es fácil perderse un poco en el ajetreo cuando ves cosas tan buenas que salen de tu ministerio. Íbamos a recalibrar para hacer de lo más importante lo más importante.

Transcurrieron algunas semanas, y por orden del médico, reduje un cuarto mi dosis. Lo logré sin incidentes durante los días siguientes. No tuve ningún ataque de pánico o ansiedad. De hecho, me sentía más libre de lo que me había sentido en mucho tiempo. Finalmente pude conectarme realmente con Jenn y los niños. Nos lo pasamos muy bien durante las vacaciones y fue increíble sentirse completamente presente nuevamente con todos.

Mi energía era más alta de lo que había sido antes de mi crisis. Las pequeñas imperfecciones o las cosas normales que me habrían hecho perder la cabeza ya no me molestaban más. Al final de tan solo un par de meses, ya estaba libre de medicamentos para la ansiedad. Sentía como si Dios me estuviera cargando y sabía que mi mente estaba sanando. Fui a ver a mi médico y ella me dijo lo increíble que era dejar la medicina para la ansiedad tan rápido.

A pesar de que ya no tomaba medicamentos, necesitaba seguir metiéndome en la Palabra. Cada día era una nueva experiencia de gracia. Cada día traía un incremento en paz, claridad y esperanza. Entendí la verdad en Filipenses 4:12: "El poder explosivo de Cristo me infunde para conquistar todas las dificultades".

Con una mente clara, ahora podía ver cómo los medicamentos no habían sido más que una muleta. Al principio me habían ayudado mucho, y no hubiera podido controlarlo sin ellos, pero con el tiempo llegué a depender de él para adormecer el pánico y el dolor. Lo usé para ignorar las heridas subyacentes. Luego, ese momento de claridad llegó en el viaje de regreso de Napa, y pude ver que había tratado los síntomas de pánico en lugar de llegar a la causa del pánico.

Muchos de nosotros usamos muletas para evadir nuestro dolor: drogas o alcohol o comida o pornografía. Podemos usar el dinero o el estatus. A veces incluso usamos cosas buenas de manera incorrecta, como deportes, relaciones, carreras o pasatiempos. Continuamos adormeciéndonos a nosotros mismos, ignorando todo ese dolor, pero si ese dolor no es tratado, se infecta. Es ese tipo de infección que nos envenena de adentro hacia afuera. Y nadie está exento a este tipo de envenenamiento.

Hay momentos en que todos necesitamos una muleta. Hay ocasiones en que el medicamento puede darte un punto de apoyo o al menos un alivio temporal del pánico. Pero las muletas están diseñadas para ciertas temporadas. Eventualmente, tienes que tirar esas muletas y aprender a caminar sin ellas. Estaba aprendiendo a sentir el dolor y a trabajar con Dios para lidiar con la verdadera raíz del asunto. Dios quería traer sanidad completa y plenitud a mi vida. Quería restaurarme completamente.

Para mí, el camino hacia la plenitud comenzó con sacar las raíces de la amargura y la falta de perdón en el viaje desde Napa. Ese viaje me dio el momento de claridad que necesitaba desesperadamente para poder ver que un cambio en mi vida devocional era el siguiente paso crucial. Pero sabía que la conversación con Jenn y la confesión a Dios no eran los únicos pasos que necesitaba tomar.

Cuando Dios sanó mi mente a través de la Palabra, me quedó claro que había conversaciones difíciles que ahora necesitaba tener y estaba listo para tenerlas. Jenn y yo programamos reuniones con aquellos con quienes sentimos que todavía había problemas sin resolver. Antes de cada conversación, me ponía nervioso, pero el pánico nunca llegaba. Lloré durante la mayoría de esas reuniones, pero pude ser vulnerable. Hubo un entendimiento mutuo y pudimos restaurar relaciones clave.

Nos comprometimos a una nueva manera de hacer relaciones de ahí en adelante. No me alejaría cuando me sintiera incomprendido. Lidiaría con las cosas en el momento y hablaría acerca de cómo me sentía. Ellos se comprometieron a lo mismo. Quería tener relaciones plenas y saludables. Necesitaba eso para mi propia paz mental.

Cuando reparamos esas rupturas relacionales, comenzamos a experimentar esta verdad: el perdón rara vez es algo silencioso. Para experimentar todo el poder del perdón, los dolores del pasado deben ser hablados y tratados. La reconciliación tiene que ser buscada, explorada y perseguida.

La retrospección es perfecta, y en retrospectiva, puedo ver que ninguno de nosotros tenía motivos malos. Ninguno de nosotros deseaba herir a la otra persona. Todos estábamos haciendo lo mejor que podíamos. Nos amábamos. Los sigo amando. Era solo que a veces nuestro dolor y nuestros problemas se interponían en el camino. Si hubiera sido más honesto conmigo mismo, si hubiera sido más vulnerable con mi dolor, se podrían haber evitado años de malentendidos.

Pero tal vez evadir el dolor no es el punto. Dios trabaja a través de las crisis, lo sé de primera mano. Usó la mía para llevarme hasta el límite de mi mismo. Me estaba enamorando más de Dios y de la gente cada día. Estaba experimentando la revelación suprema: Dios es fiel hasta el final.

Todo cambió en los meses posteriores al viaje a casa desde Napa. Lo que una vez había sido la estación más dolorosa de mi vida dio paso a algo hermoso y lleno de esperanza. Y aunque Dios no me maldijo con esos meses de pánico debilitante, Él trabajó a través de ello.

¿Cómo actúa Dios a través del dolor? ¿Cómo lo usa? No lo entendía entonces, y para ser honesto, todavía no estoy seguro de entenderlo ahora. Pero he llegado a ver que ninguno de mis esfuerzos para aliviar el dolor, la presión y la tensión funcionaron. Fue mi rendición completa al proceso con Él lo que trajo la paz.

El dolor nunca es el objetivo final de Dios. Él lo permitió para llevarme a mi límite. Brian Simmons dice: "El corazón que permanece inocente progresivamente verá más y más de Dios". Eso es exactamente lo que Dios había hecho: Él había restaurado mi corazón para que pudiera ver más de Él.

Meses después de mi último ataque, salí de mi habitación y me fui a la cocina. Los niños estaban en la mesa, desayunando, y Jenn estaba parada en el lavabo. Ella me miró sonriendo y dijo: "¡Brian, estás cantando!"

"¿Sí?" Respondí, preguntándome por qué ella había dicho eso.

Ella rió. "Siempre he podido determinar qué tan bien estás dependiendo de si estás cantando en la casa o no", dijo. "Fuera de la adoración, no te había escuchado cantar durante meses".

Pensé en ello. Ella había usado la música para evaluar cómo estaba yo, algo que nunca había pensado hacer. Pero mientras lo consideraba, cuando lo pensé bien, supe que ella tenía razón. Me encontraba en un buen lugar. Estaba en paz.

CATORCE

CUANDO DIOS SE VUELVE REAL

* * *

Me paré cerca del escenario entre Braden y Jenn, adorando. La mano invisible que había apretado mis pulmones en el río se había ido. El peso que presionaba, el pánico que me envió al hospital, había desaparecido. La presión que había soportado durante tantos años también había desaparecido.

Todo se sentía sin límites y podía sentir a Dios conmigo. No me había perdido de ninguna mañana pasando tiempo con Dios. Él diariamente me daba lo que necesitaba a través de Su Palabra y ahí recibía la gracia que necesitaba para cada día.

Tampoco había permitido que las cosas se acumularan en los meses de mi recuperación. A medida que el estrés, los dolores y las presiones de la vida venían, me tomaba un tiempo para reconocerlo y llevárselo a Dios. A veces solo necesitaba trabajarlo con Dios. Pero luego hubo momentos en que necesitaba hablar sobre los problemas con amigos, miembros del personal o incluso con Jenn, y lo resolvíamos. Aprendí que era importante abordar los problemas rápidamente antes de que tuvieran la oportunidad de crecer y convertirse en un lugar de desconexión.

De la misma manera, si alguien me confrontaba con un problema, lo escuchaba y si yo lo había causado, hacía todo lo posible para arreglarlo y me responsabilizaba de mi parte. A través de las prácticas del tiempo diario en la Palabra de Dios, caminar en el perdón y confesar mis propios errores y faltas, había encontrado paz.

No había escrito nada en meses, pero a medida que mi mente y mi espíritu continuaban sanando, las canciones empezaron a surgir de nuevo. Hubo una nueva gracia para escribir y las melodías comenzaron a salir de la nada. Era trabajo, pero nunca se sintió difícil. Había tanta vida en estas canciones que llevaban esperanza y promesa, canciones que coincidían con la temporada en la que estaba. Me encontré sintiéndome más vivo a medida que comenzaba a colaborar con mis amigos. Estaba escribiendo desde la realidad de lo que Dios me había ayudado a superar. Sabía que estaba hecho para escribir canciones de adoración para la iglesia. Quería que otros experimentaran la gracia y el rompimiento que había encontrado.

Todavía no había compartido públicamente mi travesía, aunque muchos en Bethel sabían que algo estaba sucediendo en mi vida. Aún así, no había comunicado los detalles y la gravedad de lo que atravesé. Pero unas semanas antes, mi papá me había preguntado si compartiría mi historia. Y supe que era el tiempo. Mientras caminaba hacia el atril al centro del escenario, no sentí ni un gramo de ansiedad o nervios. Honestamente me sentí despreocupado en la gracia de Dios.

Conocía el poder de mi testimonio.

Dios me había sanado.

Eché un vistazo a la multitud. Miré a mi derecha, vi a Braden al lado de Jenn y sonreí. Él me saludó. "Oye, amigo", le dije, devolviéndole el saludo.

Braden había estado a mi lado en mi hora más oscura. Él estuvo conmigo en primera fila, a lo largo de uno de los peores ataques de pánico, a pesar de que él no lo sabía. Rayos, amo a ese chico. El orgullo me abrumó mientras pensaba en cómo los niños me habían visto mientras luchaba pero nunca perdieron la esperanza. Y ahora aquí estaban, escuchándome compartir mi historia. Recordé el momento en que todo había comenzado, el momento en que los miré a los ojos y les dije: *Aquí es cuando Dios se vuelve real.* Habían sido parte de uno de mis momentos más bajos, y ahora, después de meses de apenas sobrevivir, fueron testigos de la victoria que Dios me había dado. Esta fue una victoria familiar y se convirtió en parte de nuestra historia con Dios.

Miré a la multitud y comencé mi historia. Conté la historia entera. Yo había sido un caso de estrés, les dije, un tipo que no miraba sus sentimientos ni admitía el dolor de la vida. Había ignorado el conflicto y las complejidades de cada cosa. Traté de fingir que no podía afectarme y simplemente lo hice a un lado. Pero en todo esto, la falta de perdón había echado raíces.

"Nuestra cultura a menudo nos enseña a ser valientes", dije, "en lugar de admitir que estamos sufriendo o sintiendo algún dolor. Fuimos diseñados para sentir el dolor y luego llevarlo al Padre. Eso es lo que hizo Jesús. Él sintió el dolor y lo puso a los pies del Padre".

Saqué un globo rojo de mi bolsillo, lo estiré tres veces.

"Este globo es como tu corazón. Y a medida que te suceden cosas hirientes y estresantes, aumenta la presión".

Inflé el globo.

"No fuimos hechos para mantener o cargar esa presión. Estamos hechos para llevarlo a Dios y entregarle esas cosas a Él".

Tomé el globo y lo llené, estirándolo al máximo. "Muchos de nosotros intentamos evadir el estrés y el dolor de la vida, intentamos adormecerlo o fingir que realmente no nos está afectando". Miré a todos. "Y entonces un día esto sucede". Hice estallar el globo con un bolígrafo.

"Y eso es lo que me pasó", dije. "Después de años de mantener internamente el estrés y el dolor, mi vida explotó".

Les conté cómo había crecido el estrés y la tensión. "Algunas personas se vuelven locas no porque quieran", dije, "sino porque no pueden soportar el peso. No se suponía que debían hacerlo. Eso es lo que me pasó. Nadie puede soportar solo el peso de la falta de perdón y el estrés. Nadie".

Hablé sobre los mecanismos de afrontamiento que había creado a lo largo de los años, cómo podía ignorar el dolor y los conflictos y simplemente trabajar más duro. Traté de protegerme a mí mismo del dolor al distanciarme de las personas o lo que sea que me causara estrés. Pero esos mecanismos de afrontamiento nunca funcionaron. De hecho, sólo aumentaron la presión.

"Llegará un momento en que ya no podrás evitar el estrés de la vida o adormecer el dolor. Y cuando tus mecanismos de afrontamiento no funcionen más, considéralo un regalo. Considera como un regalo cuando Dios se convierte en tu única opción".

Concluí el resto de mis notas y animé a la gente a que fuera honesta con respecto a las cosas que usaban para tratar de adormecer su dolor. "Experimenta el dolor", dije, "y llévalo a Dios. Encontrarás que Él es fiel".

Después del servicio, Jenn llevó a los niños a casa, pero me quedé hasta tarde para hablar con la gente. Me contaron cómo les había ayudado el mensaje y pidieron oración. Mientras conducía a casa esa noche, me di cuenta de que compartir mi historia fue el último paso en mi proceso de recuperación. Todas esas revelaciones sobre el perdón, el dolor y la presión habían sucedido a través de meses de tiempo diario con Dios y teniendo las conversaciones difíciles que eran necesarias.

Di vuelta en la calle hacia mi casa y pensé en los días en que ni siquiera podía irme porque todo era demasiado abrumador. Y aunque aún podía recordar la presión, aunque algunos días me estresaban, aprendí cómo apoyarme en Dios y entonces el caos no tenía poder en mi vida. Aprendí a comunicarme mejor. Aprendí a permanecer arraigado a Su Palabra. El pánico incontrolable había desaparecido por completo. Fue un proceso diario y ganaba más y más historia con Dios sobre cómo quería vivir mi vida.

Pensé en la gente de la iglesia esa noche. Necesitaban escuchar a alguien decir: "Yo también lucho". Todos estamos desesperados por saber que no estamos solos y estamos buscando un rayo de esperanza. Si había algo que Dios me había dado en los últimos meses, era esperanza.

Al dar vuelta hacia la entrada, vi las luces que salían por las ventanas. Caminé por la puerta y, mientras lo hacía, Braden corrió hacia mí y me envolvió en el abrazo más fuerte. Le devolví el abrazo, agradecido, esperando nuestra próxima búsqueda de lagartijas.

La presión había desaparecido, el pánico era un recuerdo. No había nada más que paz. Me tomó lo que pareció una eternidad llegar aquí, pero no lo cambiaría por nada del mundo. Esa temporada de oscuridad había abierto mis ojos a la realidad de una mejor manera. Esa oscuridad dio paso a la luz. Fue en esa oscuridad que Dios se mostró fiel. Fue en esa oscuridad cuando Dios se volvió real.